ET SI L'OCCIDENT N'ÉTAIT PAS RESPONSABLE DES PROBLÈMES DE L'AFRIQUE ?

De Nicolas Sarkozy à Barack Obama

Points de vue

Collection dirigée par Denis Pryen

et

François Manga-Akoa

Déjà parus

Théodore OTTRO ABIE, *De l'union africaine à un Etat fédéral africain*, 2009.

Etienne-Marcelin NGBANDA-BANDOA, *Ces jeunes-là*, 2009.

Anselme MACKOUMBOU-NKOUKA, *Un général dans la tourmente : la guerre du 5 juin 1997 au Congo*, 2009.

SHANDA TONME, *La France a-t-elle commis un génocide au Cameroun ? Les Bamiléké accusent*, 2009.

SHANDA TONME, *Jeux et enjeux des Etats dans l'ordonnancement géostratégique planétaire*, 2009.

Alfred MBUYI MIZEKA, *Du village aux amphithéâtres. Itinéraire d'un universitaire africain*, 2009.

Michel NKAYA, *Pour une approche endogène du développement au Congo-Brazzaville*, 2009.

Jean-Baptiste SOUROU, *Jean-Paul II : Pape blanc et Africain*, 2009.

Janis OTSIEMI, *Guerre de succession au Gabon*, 2009.

Mohamed Lamine GAKOU, *Afrique subsaharienne et développement de l'Asie de l'Est*, 2009.

Allaoui ASKANDARI, *Logiques politiques et mahorites dans la postcolonie de Mayotte*, 2009.

Toumany MENDY, *L'immigration clandestine. Mythes, mystères et réalités*, 2009.

Succès MASRA et Béral M. LE GRAND, *Tchad, éloge des lumières obscures. Du sacre des cancres à la dynastie des pillards psychopathes*, 2008.

Reckya MADOUGOU, *Mon combat pour la parole*, 2008.

Raphaël BINDARIYE, *Le bonheur d'un couple. De vingt à quatre-vingts ans*, 2008.

SHANDA TONME

ET SI L'OCCIDENT N'ÉTAIT PAS RESPONSABLE DES PROBLÈMES DE L'AFRIQUE ?

De Nicolas Sarkozy à Barack Obama

5-7, rue de l'Ecole polytechnique ; 75005 Paris

http://www.librairieharmattan.com
diffusion.harmattan@wanadoo.fr
harmattan1@wanadoo.fr

ISBN : 978-2-296-09919-7
EAN : 9782296099197

A toutes les générations d'Africains victimes de l'intolérance, du mensonge, des erreurs et de l'oppression volontaires ou involontaires de leurs propres élites.

Introduction

Dans le train TVG qui me ramène de Lille à Paris en ce milieu du mois de juillet 2009, j'ai encore la tête lourde, le regard imparfait et la mémoire quelque peu confuse, justes conséquences d'une nuit agitée. Je me suis en effet rendu dans cette ville du nord de la France pour prendre part aux cérémonies de mariage de ma nièce, étudiante en Allemagne. La veille j'ai effectué le trajet de mon hôtel au lieu des cérémonies, situé dans la banlieue de la ville, à bord d'un taxi conduit par un Cambodgien. Chaque fois que j'emprunte un taxi n'importe où dans le monde, j'essaie toujours de développer une conversation avec le chauffeur. Généralement, j'apprends beaucoup des taximen. Ces gens constituent une source formidable et intarissable d'informations, ne serait-ce que par la diversité et la quantité des personnes qu'ils transportent, côtoient involontairement et servent. Ils sont partout les mêmes : ouverts, serviables, attachés à leur travail, disponibles, chaleureux. Il est très rare d'en rencontrer qui soient fermés et apathiques. Et lorsque c'est le cas, vous pouvez toujours forcer la voix en usant de mille astuces, pour ensuite découvrir qu'au fond, certains conservent une certaine méfiance, une marge de distance tant qu'ils ne sont pas rassurés. En fait, si vous jouez les messieurs ou les dames importantes, ils vous le rendent bien en se cantonnant dans un professionnalisme strict. Ce sont des gens qui, pour la plupart, ont une vie rigoureuse et n'entendent point se départir de ce qu'ils sont, de leur statut pour satisfaire à quelque opportunisme. A l'opposé, si vous vous êtes sympathique dès la première approche, un climat de famille s'installe avec parfois une spontanéité surprenante. Un taximan peut vous raconter toute sa vie le temps d'un dépôt de trente minutes, vous parler des derniers développements dans le monde et noter un à un tous les membres du gouvernement de son pays. Ce sont encore les mêmes qui, lorsque vous êtes nouvellement arrivé dans une ville, peuvent vous indiquer très rapidement où se trouvent vos compatriotes voire telle ou telle personne, tel endroit pour s'amuser, tel dancing, tel cinéma, tel bon restaurant. Par contre, il est courant que les taximen travaillent pour la police, avec les conséquences que l'on devine lorsqu'il s'agit de pays totalitaires.

Dans l'ensemble, le client a plutôt tout à gagner à montrer de bonnes dispositions pour des contacts avec le chauffeur de taxi.

Mon taximan cambodgien est justement du genre ouvert, causeur, sympathique. Evidemment, le fait que je sois africain a créé une intimité de fait, une sorte de solidarité des étrangers. Une fois les présentations faites, il n'a pas tardé à rentrer dans le vif de tous les sujets qui lui taraudaient l'esprit. Je n'ai pas caché que je me rendais à un mariage.

- Oh, vous venez donc de Paris ? J'ai de la famille à Paris moi aussi. Je suis installé ici depuis mon arrivée en France il y a dix sept ans et je conduis le taxi depuis dix ans. J'ai quatre enfants qui sont tous à l'université maintenant. Le premier est un garçon qui termine ses études à Polytechnique. Il était troisième pour le concours d'entrer dans cette école. Le deuxième est une fille qui terminera ses études de médecine dans deux ans. Le troisième est aussi à l'université et poursuit des études en pharmacie. Enfin le dernier qui a seize ans, vient de réussir son baccalauréat scientifique et aspire à devenir ingénieur. Il est très intéressé par les ponts et chaussés. Chaque fois qu'il voit un pont, il s'arrête pour bien l'admirer et jure toujours de construire des ponts qui seront encore plus impressionnants, s'il réussit son rêve.

Sur ce, je félicite mon nouvel ami qui renchérit :

- Monsieur, vous savez, nous devons travailler très dur pour montrer que les Européens n'ont pas eu tort de nous accueillir chez eux. En plus le monde d'aujourd'hui, c'est la compétition. Je prophétise que mes enfants retourneront construire le Cambodge pour l'élever au niveau de l'Europe. Les Européens ne sont pas aussi intelligents que nous. Ils ont simplement pris une avance importante à cause des nombreux problèmes que nous avons eus. Voyez les Chinois, ils vont bientôt dominer complètement tout Paris. Il y a des quartiers où ils contrôlent tous les immeubles et toutes les boutiques. Ils sont très forts, parce qu'ils ont compris que seul le travail est important et qu'avec le temps et de la patience, il est possible de rattraper et même de dépasser l'Europe.

Je félicite mon interlocuteur et lui dis que je partage ses observations sur toute la ligne. C'est alors qu'il revient à la charge pour parler des Africains.

Que pensez-vous de Barack Obama, me demande-t-il.

Sans me laisser le temps de répondre, il répond aussitôt à sa propre question :

Monsieur, je pense que c'est un homme bien. Si les Africains pouvaient copier son exemple, ils réaliseraient beaucoup de choses. Chaque jour, je vois les Africains ici qui font n'importe quoi et s'exposent aux ennuis avec la police. Ce n'est pas bon. Certains ne veulent pas travailler et cherchent tout le temps à créer des problèmes. Chez nous les Cambodgiens, nous faisons très attention pour que les nôtres ne soient pas ridicules. Nous veillons scrupuleusement ici pour que les gens ne dévient pas. Je pense que si les Africains sont pauvres, c'est pour les raisons que je vois ici. Beaucoup d'entre eux ne sont pas sérieux et ne veulent pas faire d'efforts. Regardez ces histoires de rappeurs et toutes ces conneries. On trompe les jeunes Noirs ici et ils sont pris au piège, sous prétexte qu'ils sont des artistes et que c'est la mode. C'est la folie. Le diplôme d'ingénieur ou de médecin est plus important que ces bêtises.

Voyez monsieur, je travaillais d'abord pour une compagnie qui nous rendait la vie dure. Nous étions vingt deux Asiatiques. Aujourd'hui nous sommes tous partis et nous avons fondé notre propre compagnie. Nous avons commencé par être tous indépendants, en rachetant des licences. Je connaissais personnellement au moins cinq des neuf Africains qui travaillaient avec nous dans la compagnie. Ils étaient constamment en conflit avec les patrons, discutant tout le temps pour de petites choses de rien du tout et se plaignant régulièrement de racisme. Il n'est pas bon de trop se plaindre. Ces gens-là n'aiment pas ceux qui se plaignent. Je ne supportais pas ces patrons, mais je gardais mon calme pour sauver l'essentiel et réussir mon plan. Vous voyez que j'ai réussi, à force de calme et de ruse. Il faut être rusé lorsqu'on n'est pas en situation de force et surtout lorsqu'on nourrit des projets à long terme. Les Européens et les Américains ont occupé notre territoire mais ils n'ont pas gagné la guerre contre nous. Et même si tel était le cas, je considère que la vie continue et c'est ce que chacun devient après qui compte.

Vous savez, monsieur, poursuit-il, ce que j'aime avec Barack Obama, c'est qu'il dit la vérité. J'ai écouté son discours dernièrement et je crois que pour une fois, il a bien parlé. Il faut que les Africains le comprennent bien et méditent tout ce qu'il a dit. Personne n'est responsable d'un autre et personne ne fera rien pour un autre. Regardez, les Français et les Américains étaient chez nous. Ils ont fait la guerre, perpétré des crimes et détruit notre pays. Mais aujourd'hui, nous sommes debout et chaque Cambodgien est déterminé. Nous avançons vite et nous allons leur montrer que nous sommes un peuple travailleur et intelligent. Seules les études de mes enfants me retiennent ici. De retour au Cambodge, je m'occuperai d'une rizière de plusieurs hectares dans mon village.

Toute la nuit, les paroles de ce chauffeur de taxi cambodgien souriant avec de grosses lèvres continuaient de défiler dans mon esprit comme des scoops en boucle de CNN. Je suis d'autant plus troublé en cette matinée calme d'été européen que lors de mon voyage deux jours plus tôt de Paris à Lille, je m'interrogeais sur l'apport de l'Afrique au développement des technologies, sur la discipline de ses sociétés humaines modernes, sur ses Etats. Le TGV est une merveille, un symbole de l'avancement de la science et des technologies. J'étais impressionné par la discipline et l'organisation extraordinaire à la gare où j'ai acquis mon ticket de train. En Afrique, par contre, rien n'a globalement bougé ou très peu depuis vingt cinq ans. Ici tout a changé depuis mes années d'étudiant. Plus de différence entre prendre le train ou prendre l'avion. Les procédures sont presque les mêmes ainsi que le confort intérieur.

Le Cambodgien m'a traumatisé au sens propre du terme et m'a renvoyé aux confins de mon histoire personnelle, de ma relation avec le monde, de mes rapports avec la science, avec mes aînés, avec la diaspora, avec l'intelligence noire.

Et si seulement ce monsieur venait de me livrer le plus décisif des messages avec pour objectif de me mettre en mission pour parler, pour expliquer, pour redresser, pour allumer une flamme de conscience nouvelle, d'autocritique et de réveil chez les Africains ? Et si seulement il voulait, à travers un discours didactique convenu d'avance, me dire ce qu'il n'a pas pu et n'a pas voulu dire à ses collègues taximen africains avec lesquels il a travaillé ? Je suis maintenant parcouru par un étrange frisson qui fait vibrer littéralement tous mes sens. Quand je pense que j'ai déjà consacré plusieurs écrits, des ouvrages aux problèmes de l'Afrique, je me demande si ce monsieur n'a pas été mandé pour me dire simplement que je n'ai encore rien fait, que je n'ai pas encore dit l'essentiel, que nos problèmes demeurent entiers.

J'ai passé en revue le déroulement de la soirée, d'ailleurs manquée puisque profondément choqué et indisposé, j'ai quitté la salle des fêtes avant le début des festivités. En effet, de retour à l'hôtel, j'ai emprunté un autre taxi et j'ai eu droit à un discours semblable à celui du Cambodgien. Mais cette fois il s'agissait d'un Français d'origine réunionnaise. C'est un taxi que j'ai commandé et qui s'est déplacé du centre de la ville pour venir me chercher au lieu des cérémonies situé dans la banlieue. La conversation avait commencé comme d'habitude par des mots simples et fraternels. Je n'ai pas manqué de lui dire que je rentrais sans avoir pris part aux festivités, le repas et la soirée dansante. Le taximan voulut savoir pourquoi.

Les mariés sont deux jeunes cadres résidant en Allemagne et les invités sont constitués en majorité de ce qui pourrait être considéré comme la crème d'une diaspora de très haute qualification. Je me suis entretenu longuement avec certains : docteurs, ingénieurs, professeurs, médecins, spécialistes de tas de disciplines souvent employés dans de grandes firmes d'envergure mondiale. La discussion a été très engagée et franche avant la messe dans l'après-midi. Je leur demandais de rentrer en Afrique pour investir dans des projets de développement. Tous ces jeunes étaient catégoriques et critiques : pas question de rentrer. Nous vivons où nous sommes et nous sommes ce que la vie nous donne ici. L'Afrique, on a oublié et on ne veut même plus entendre parler. L'Afrique ne nous a rien donné, sinon la misère, les dictateurs, la haine, la désolation. Je ne rentrerai que pour prendre ma retraite, affirme l'un. Je ne rentrerai jamais, soutient le suivant. Je ne repars de temps en temps que pour des funérailles des proches, rétorque le dernier. De toute façon, que les Eyadema, les Bongo, les Biya et les Wade confisquent tout, on leur laisse l'Afrique, rétorque un radical.

Le soir, le moment de la grande fête arrivé, je me présente à 20 heures comme préalablement annoncé sur les billets d'invitation. Jusqu'à 23 heures, je suis témoin d'une ambiance d'un désordre dégoûtant. Ce sont les mêmes jeunes cadres de haute facture scientifique et intellectuelle qui sont pourtant les organisateurs. Personne de toutes ces grandes gueules de l'après midi, n'a l'air de faire preuve d'une réelle démonstration de responsabilité et d'attention. Je réalise que des invités européens semblent perdus et décontenancés mais n'osent pas le dire. J'ai noté dans ce contexte quelques départs furtifs, sous forme de protestation silencieuse. Je prends donc la décision de faire quelque chose. J'ai appelé l'un des ingénieurs avec lesquels j'ai échangé dans la journée et qui soutenait mordicus que l'Afrique est perdue, mal gouvernée, mal organisée, sans avenir. Je l'ai entraîné vers trois autres de ses compagnons et, en grand frère, je leur ai dit:

- Mais, petits frères, n'est-ce pas vous qui me disiez aujourd'hui que vous aviez définitivement choisi de rester en Europe parce que l'Afrique est mal gouvernée, mal organisée et confisquée par des incapables ? Alors que me répondez-vous face à une organisation aussi chaotique ? Avez-vous encore la notion d'heure, de parole donnée, de prévision, de responsabilité ? Est-ce ainsi que vous entendez gouverner l'Afrique si jamais vous en aviez la possibilité ? Entre vous et ceux qui gouvernent actuellement, quelle différence faites-vous et où vous situez-vous donc ? La réponse a été un embarras total, tournant à la blague du genre, l'heure est modulable. De toute façon, c'est la fête. Allons grand frère, tu ne vas pas nous en vouloir pour si peu.

C'est après cet échange que j'ai décidé de m'en aller pour marquer la différence, pour leur donner une leçon en grandeur nature, mais surtout pour leur faire comprendre leur absence de maturité, la stérilité et l'inconséquence de leurs nombreuses critiques.

Le chauffeur réunionnais intervient :

- Ah, mon frère, le problème des Africains ici à Lille, c'est qu'ils aiment trop la fête. C'est tout le temps et souvent les choses se terminent mal. Ne vous fâchez pas contre vos frères, ils sont comme cela ici et vous ne pouvez rien y changer. Plus ils sont allés à l'école, plus ils sont mauvais, vantards et irresponsables. Je préfère ceux qui ne sont pas allés à l'école. Ceux-là sont plus responsables et plus solidaires. En plus ce sont les seuls qui envoient régulièrement de l'argent au pays pour aider la famille.

Le rapprochement de ces deux rencontres produit des enseignements graves. Peut-être bien que l'Afrique a perdu plusieurs générations dans des inutilités, dans le mensonge et la roublardise. Faudrait-il parler d'erreur fatale ? Comment se fait-il que dans ma cinquantaine, je découvre, en intellectuel et homme de science, que toute mon éducation, toutes mes convictions et toute ma perception de l'histoire et du monde, ont pu être ratées ?

Mais qu'est-ce que cela peut bien signifier, que je m'aperçoive du fossé entre la façon dont j'appréhende ma personnalité et les interactions avec le monde, d'une part, et le jugement négatif sans appel que développent des personnes de différentes cultures et de différentes civilisations sur ma personne, d'autre part ? En fait, ce n'est pas de moi qu'il s'agit et je ne suis sans doute rien par rapport aux sommités qui m'ont enseigné et qui m'ont inculqué les premiers théorèmes mathématiques et livré les premières règles de grammaire. Il est indéniable que c'est de l'Afrique qu'il s'agit, et il est incontestable qu'il va falloir convoquer tous mes maîtres et aînés africains.

Mais tout cela m'arrive au moment où je continue d'analyser le discours de Barack Obama devant le parlement ghanéen et alors que dans les cœurs comme dans les esprits de nombreux Africains, une certaine gêne a lentement mais sûrement contrarié les mille et une critique propulsées comme des mines anti personnelles, les pourfendeurs du discours de Nicolas Sarkozy devant les étudiants à l'Université Cheick Anta Diop de Dakar.

Fondamentalement, la question mérite dorénavant d'être posée sans détours : et si l'Occident n'était pas responsable des problèmes de l'Afrique ?

La fuite en avant est impossible, tout comme le silence est devenu coupable. Aussi suis-je, ici et maintenant, interpellé par un impérieux devoir de communiquer, d'écrire, de revoir de plus près, tous ces adjectifs, toutes ces évidences, toutes ces littératures, toutes ces promesses dans lesquelles j'ai été si longtemps moulé.

Les discours de Nicolas Sarkozy et de Barack Obama constituent les temps événementiels les plus transformateurs et les mieux chargés de promesses sur le destin de l'Afrique depuis la déclaration des Nations Unies sur l'octroi de l'indépendance aux peuples et territoires non autonomes de l'Assemblée Générale de l'Organisation des Nations Unies (résolution 1514).

Nicolas Sarkozy et Barack Obama représentent au plan interne dans leur pays respectifs et au plan international, deux personnalités politiques et diplomatiques parvenues au sommet, sur des stratégies de rupture et donnant des messages de changement indéniables. Ces présidents qui font figure de jeunes premiers, n'ont pas simplement été élus avec la promesse ferme de faire autrement et de se comporter autrement. Ils ont été choisis pour servir de tremplin, de base d'appui, de ban d'essai d'une nouvelle façon d'organiser et d'instrumentaliser les rapports sociaux et les relations internationales.

Pour toutes ces raisons, nous allons engager un travail qui, objectivement, va transgresser certaines règles, certaines exigences éthiques, certaines normes déontologiques, en reproduisant par exemple l'intégralité de leurs discours. Il s'agit de nous assurer, en évitant le renvoi dans les annexes, que le lecteur qui porte un jugement les a bien lus et qu'il sait de quoi il parle.

Mais avant, il faudra présenter les deux personnalités, puis le contexte et les textes.

La suite sera consacrée à une analyse comparative, avant de laisser libre cours à une réflexion que nous voulons franche au maximum, sur ce qui pourrait apparaître comme une profonde tromperie sinon une erreur des premiers penseurs et intellectuels africains de l'époque contemporaine.

Première partie

Nicolas Sarkozy : sa personnalité, son environnement, le contexte et le texte de son discours de Dakar

a) La personnalité de Nicolas Sarkozy, son environnement et le contexte de son discours de Dakar

Cette démarche nous semble importante à plus d'un titre. D'abord pour bien cerner ce qui pourrait prédisposer à la délivrance de certains propos, et ensuite pour bien comprendre la relation entre l'environnement politique spécifique de chacun avec son éventuelle conduite internationale.

Tous les analystes politiques français le présentent comme l'exemple d'un *golden boy* digne des rois mythiques à succès de Wall Street. Aristocrate de naissance, brillant avocat, ambitieux doté d'une énergie exceptionnelle qui fait l'admiration de tous, y compris de ses pires ennemis, Sarkozy entre très vite ou trop vite dans la vie politique. Tout l'y prédispose d'ailleurs, puisque en fait, il ne répond qu'à un destin tout tracé vers les sommets du pouvoir. Il commence par être l'un des plus jeunes maires de France et, de surcroît, de l'une des villes de banlieue les plus chics de Paris, Neuilly, située à l'ouest de Paris. Son ascension va se faire de façon méthodique et sans que l'on puisse réellement l'identifier avec un appareil politique quelconque. Loin d'un homme d'appareil, c'est un opportuniste qui recherche le meilleur positionnement et particulièrement à partir de la personne la mieux placée selon lui pour agir sur le pouvoir. L'atout principal du jeune loup dans ce cas, semble plus tenir du culot et du courage d'oser, de la capacité à se mettre en ordre de bataille sur tous les coups qu'il juge intéressants, plutôt que de réciter les versets d'une quelconque chapelle. Il cultive des amitiés calculées, organisées en fonction des buts à atteindre ou des objectifs lointains bien programmés.

Sarkozy joue-t-il alors pour le parti gaulliste alors conduit par Jacques Chirac et Alain Juppé ou se positionne-t-il simplement comme un jeune technocrate à la disposition de la république et du triomphe des idéologies conservatrices de droite ? La réponse est aussi vraie que fausse, car derrière le jeune talent, se cache un ultralibéral qui veut laisser des marques et construire une image. Il se fait donc désirer en développant un discours de ralliement qui convainc bientôt tous ses aînés. Que l'on l'aime, que l'on le redoute ou que l'on le déteste, on juge nécessaire à droite de prendre le technocrate ambitieux de Neuilly dans le train des réformes pour convaincre un maximum de personnes que la vieille garde de droit dispose de la ressource. C'est donc en héritier forcé et payé comptant, que Sarko joue les soldats de réserve dans les arcanes du pouvoir fatigué et un temps bloqué des gaullistes incapables de se reformer rapidement. Il n'y a pas d'autres explications mystérieuses pour comprendre l'ascension de celui qui sera successivement ministre du budget, de l'économie et de l'intérieur, avant d'être catapulté comme un missile irrésistible dans le fauteuil de président de l'UMP (Union pour la Majorité Présidentielle).

Etrange promotion que celle de cet homme à qui Jacques Chirac en voulait pourtant ouvertement depuis que celui-ci avait pris le parti de l'ancien premier ministre Edouard Balladur lors des primaires de la présidentielle. On n'oublie pas ce genre de coup de couteau mais que faire face aux exigences d'une survie politique et de la nécessité de la cohérence de la droite ? C'est donc à contre cœur que Chirac, diminué par une dissolution maladroite qui coûtera à Juppé son poste de premier ministre au profit des socialistes, va réintroduire voire maintenir Sarkozy dans le centre du pouvoir.

C'est donc un homme triomphant qui est plébiscité par ce qui reste du parti gaulliste moulé dans l'UMP, qui se présente pour solliciter les suffrages de ses compatriotes à l'élection présidentielle de 2007, avec en face la gentille, très charmante et fringante Ségolène Royale.

Elu au deuxième tour avec plus de 53% des suffrages exprimés, le nouveau président de la France qui a fait campagne sur le thème de la réforme profonde, dispose de larges marges de manœuvre sur tous les plans. Son triomphe sonne pour la gauche, les intellectuels et une frange importante de la société civile comme une gifle mémorable. Pour la première fois depuis la libération, un président français peut se targuer d'une influence aussi importante que celle du Général de Gaulle. Bien que la comparaison soit presque impossible au regard des faits de guerre du premier et du contexte historique, la manière d'afficher les ambitions et la liberté avec laquelle celles-ci sont proclamées, autorise quelques rapprochements. L'élément convaincant dans cette logique doit davantage à la fougue et l'audace du jeune président qu'à la réalité et à l'ampleur de l'adhésion de ses compatriotes à ses thèses et visions. Le seul fait de choisir le restaurant brasserie *« le Fouquet »,* un des lieux mythiques de la haute bourgeoisie française pour aller diner avec son ami Bolloré au soir de son élection, et alors que le peuple massé sur les abords de l'avenue des Champs-Elysées, l'attend pour l'ovationner, est tout un symbole de ce que sera la liberté, l'audace, voire l'insolence et la condescendance du président dans l'exercice de son pouvoir à la tête de la France. Le discours rituel à la proclamation des résultats à 20 heures était déjà tout un programme tracé et rempli d'annonces de bouleversements internes et diplomatiques, l'acte du Fouquet complètera le tableau et achèvera de plonger ceux qui croyaient être en mesure d'arrêter son ascension dans la désolation.

Au plan strictement diplomatique, le pays demeure une grande puissance membre du Conseil de sécurité toujours influente sur les grands chantiers des relations internationales. Cependant, après avoir été auréolée par son opposition initiale à la guerre d'Irak, la France semble perdre un peu le pied en Europe depuis l'échec de l'adoption de la Constitution préparée par l'ancien président Valery Giscard D'Estaing (1974-1981). En effet le mauvais calcul de Chirac qui avait préféré la voie du référendum alors que la voie royale du parlement était à sa portée, a des conséquences négatives perceptibles sur la marge de manœuvre de la France au sein de l'ensemble européen et plus loin dans ses rapports avec les autres grandes puissances, Etats-Unis, Russie et Chine notamment. Le non des Français est suivi par celui retentissant des Hollandais, ce qui conduit les responsables de l'Union Européenne à suspendre tout simplement les procédures d'adoption afin de réfléchir sur une porte de sortie. Pour la France, perçue comme le principal moteur politique de l'Europe, quel gâchis ! Si vous perdez le leadership en Europe, que pesez-vous finalement face à Washington et Moscou, lesquels n'oublient jamais de créer des divisions ponctuelles entre des Européens dont certains seraient vieux et d'autres nouveaux ?

Le locataire de l'Elysée encaisse ainsi un coup très dur à quelques encablures de la fin de son mandat, ce qui ne déplaît d'ailleurs pas à tout le monde, loin s'en faut. Qui mieux que le successeur aurait les armes pour faire la différence ? Qui mieux que Sarkozy montera au front pour réparer les dégâts et remettre la France à sa place ? La France est de retour en Europe, lancera-t-il donc au soir de son élection devant les caméras du monde entier braquées sur lui. S'il y a quelque chose qui emballe les analystes politiques, c'est la clarté du paysage politique déjà comparée à la sortie de guerre à la fin des années 1940. Lorsque l'on fait le bilan des forces politiques, on se rend vite compte de ce que l'opposition sur la route du nouveau président sera de moindre importance eu égard à sa relative désorganisation et surtout compte tenu de la décrépitude du parti communiste devenu quasiment fantomatique, inexistante. Quant aux syndicats, de quelles forces et de quelle légitimité joueront-ils face à un président aussi largement soutenu et aussi bien élu ? Certes, Jacques Chirac avait été réélu avec un score dépassant 70%, mais il avait bénéficié d'un contexte exceptionnel dû à la volonté de toutes les composantes politiques, droite et gauche, de barrer la route au candidat de l'extrême droite arrivé de façon tout à fait inattendue au deuxième tour, Jean Marie Le Pen.

Donc, si concrètement la France est à changer, c'est le moment. Voici quelqu'un qui a les coudées franches et un boulevard d'opportunités.

Sur l'Afrique, le nouveau président fait preuve d'audace. Depuis le lancement de sa campagne avant les élections, il se présente comme un chantre de la rupture avec les vieilles méthodes de la françafrique. Il n'hésite pas d'ailleurs à enfoncer le clou dans son discours mémorable du soir de son élection. Bien que par le passé, les Africains aient déjà entendu pareille annonce, notamment en 1981 lors de l'élection de François Mitterrand, une certaine excitation gagne le continent. Les vieux dictateurs au pouvoir s'inquiètent discrètement et l'expriment mieux par un mutisme qui en dit long, pendant que la jeunesse et la société civile exultent et applaudissent bruyamment.

En réalité même les plus sceptiques se mettent à rêver d'un changement. Les Africains espèrent d'autant plus une étincelle salvatrice que l'horizon semble se boucher chaque jour davantage, particulièrement dans les Etats que l'on désigne « amis de la France ». Il faut dire qu'aux mouvements de revendication de changements politiques qui produisent les conférences nationales au début des années 1990, ont succédé des dictatures encore plus féroces qui ont amorcé le retour vers l'instauration des présidences à vie. On ne compte plus les pays où les constitutions sont changées pour les besoins de la pérennisation de ces régimes. Du Burkina Faso au Congo en passant par le Tchad, les peuples sont défaits, fatigués par les guerres civiles intermittentes et les conférences de réconciliation sans lendemains. A Abidjan, Dakar, Bangui, Yaoundé ou Libreville, on attend le déclic, la nouveauté. L'Afrique attend donc de voir et de connaître par comment, avec qui, avec quels moyens ou par quelles voies, la nouvelle politique franco-africaine annoncée prendra corps.

La Côte d'Ivoire, jadis présentée avec fierté comme l'exemple d'une parfaite construction de la coopération française et pompeusement décrétée eldorado au sud du Sahara, a non seulement sombré dans le chaos, la décadence et la guerre civile, mais plus grave, s'est retournée contre Paris, accusé d'être impliqué au complot. Chirac est sans ménagement vilipendé par le tenant du pouvoir Laurent Gbagbo qui ironise sur le changement intervenu en France. Il faut noter à ce propos que ces accusations se sont soldées deux ans plus tôt par une chasse anti française qui a vidé la Côte d'Ivoire des nationaux de l'Hexagone, bouté leurs entreprises dehors, cassé leurs écoles et boutiques. Malgré cette situation délicate, la France conserve sur place une force d'interposition de l'opération licorne aux côtés d'un corps expéditionnaire de l'ONUCI, et une base militaire dans le secteur de l'aéroport d'Abidjan. Le fond de la querelle proviendrait selon Gbagbo et ses miliciens appelés « Jeunes Patriotes », des accords de Lina Marcoussis, jugés inacceptables, dans la mesure où ceux-ci prévoyaient toutes sortes de dispositions assimilables à une conférence nationale souveraine et reconnaissant à tous les prétendants à la magistrature suprême, notamment l'ancien premier ministre et ancien Directeur général adjoint du FMI, Alasane Dramane Ouattara, le droit d'éligibilité. Mais bien que l'évolution ait finalement consacré et avalisé en pratique tout ce que prévoyaient lesdits accords, la rancœur est restée, Gbagbo estimant toujours que c'est lui qui était personnellement visé et que Paris ou plus précisément

Jacques Chirac lui en voulait particulièrement et souhaitait le dégager du pouvoir.

Le dossier franco-africain est bien plus lourd et bien plus embarrassant qu'il n'y paraît. Et si dans les décennies précédentes la presse hexagonale n'en parlait pas, elle l'évoque de plus en plus, tant les faits d'armes souvent dramatiques des différents réseaux l'y contraignent. Des assassinats, des coups d'Etat mystérieux, des systèmes d'exploitation et d'humiliation extravagants ont fait le lit d'une mauvaise réputation qui court les chancelleries diplomatiques planétaires. Dans cet ordre, les assassinats de quelques figures de premier plan du nationalisme africain à l'instar de Ruben Um Nyobe, Félix Roland Moumié, Thomas Sankara, Barthélémy Boganda et autres, sont versés au compte des coups tordus planifiés et exécutés depuis le centre de commandement de Paris. Dans ce tableau, s'ajoutent alors à tort ou à raison, le génocide Bamiléké, le génocide Rwandais, les deux interventions aéroportées pour sauver le régime de Mobutu, l'installation de Paul Biya au pouvoir au Cameroun, l'intronisation de Bokassa comme piètre empereur de Centrafrique. Il n'y a pas une seule personne jusque chez les alliés européens qui ne pense pas que le moment est venu pour la France de changer d'attitude en Afrique, de se comporter autrement, de tourner le dos au soutien des dictateurs obscurantistes.

Son prédécesseur avait publiquement soutenu qu'il ne faut pas exiger des élections libres aux chefs d'Etat africains, car la démocratie n'est pas faite pour les Africains. Il promet le contraire.

Voilà dans quel contexte le président organise son premier voyage en Afrique, et prononce le discours ci-après :

b) Le discours de Dakar

DISCOURS DU PRESIDENT DE LA REPUBLIQUE FRANÇAISE

Université de Dakar, Sénégal.

Jeudi 26 juillet 2007

Mesdames et Messieurs,

Permettez-moi de remercier d'abord le gouvernement et le peuple sénégalais de leur accueil si chaleureux. Permettez-moi de remercier l'Université de Dakar qui me permet pour la première fois de m'adresser à l'élite de la jeunesse africaine en tant que Président de la République française.

Je suis venu vous parler avec la franchise et la sincérité que l'on doit à des amis que l'on aime et que l'on respecte. J'aime l'Afrique, je respecte et j'aime les Africains.

Entre le Sénégal et la France, l'histoire a tissé les liens d'une amitié que nul ne peut défaire. Cette amitié est forte et sincère. C'est pour cela que j'ai souhaité adresser, de Dakar, le salut fraternel de la France à l'Afrique toute entière.

Je veux, ce soir, m'adresser à tous les Africains qui sont si différents les uns des autres, qui n'ont pas la même langue, qui n'ont pas la même religion, qui n'ont pas les mêmes coutumes, qui n'ont pas la même culture, qui n'ont pas la même histoire et qui pourtant se reconnaissent les uns les autres comme des Africains. Là réside le premier mystère de l'Afrique.

Oui, je veux m'adresser à tous les habitants de ce continent meurtri, et, en particulier, aux jeunes, à vous qui vous êtes tant battus les uns contre les autres et souvent tant haïs, qui parfois vous combattez et vous haïssez encore mais qui pourtant vous reconnaissez comme frères, frères dans la souffrance, frères dans l'humiliation, frères dans la révolte, frères dans l'espérance, frères dans le sentiment que vous éprouvez d'une destinée commune, frères à travers cette foi mystérieuse qui vous rattache à la terre africaine, foi qui se transmet de génération en génération et que l'exil lui-même ne peut effacer.

Je ne suis pas venu, jeunes d'Afrique, pour pleurer avec vous sur les malheurs de l'Afrique. Car l'Afrique n'a pas besoin de mes pleurs.

Je ne suis pas venu, jeunes d'Afrique, pour m'apitoyer sur votre sort parce que votre sort est d'abord entre vos mains. Que feriez-vous, fière jeunesse africaine de ma pitié ?

Je ne suis pas venu effacer le passé car le passé ne s'efface pas.

Je ne suis pas venu nier les fautes ni les crimes car il y a eu des fautes et il y a eu des crimes.

Il y a eu la traite négrière, il y a eu l'esclavage, les hommes, les femmes, les enfants achetés et vendus comme des marchandises. Et ce crime ne fut pas seulement un crime contre les Africains, ce fut un crime contre l'homme, ce fut un crime contre l'humanité toute entière.

Et l'homme noir qui éternellement « entend de la cale monter les malédictions enchaînées, les hoquettements des mourants, le bruit de l'un d'entre eux qu'on jette à la mer ». Cet homme noir qui ne peut s'empêcher de se répéter sans fin « Et ce pays cria pendant des siècles que nous sommes des bêtes brutes ». Cet homme noir, je veux le dire ici à Dakar, a le visage de tous les hommes du monde.

Cette souffrance de l'homme noir, je ne parle pas de l'homme au sens du sexe, je parle de l'homme au sens de l'être humain et bien sûr de la femme et de l'homme dans son acceptation générale. Cette souffrance de l'homme noir, c'est la souffrance de tous les hommes. Cette blessure ouverte dans l'âme de l'homme noir est une blessure ouverte dans l'âme de tous les hommes.

Mais nul ne peut demander aux générations d'aujourd'hui d'expier ce crime perpétré par les générations passées. Nul ne peut demander aux fils de se repentir des fautes de leurs pères.

Jeunes d'Afrique, je ne suis pas venu vous parler de repentance. Je suis venu vous dire que je ressens la traite et l'esclavage comme des crimes envers l'humanité. Je suis venu vous dire que votre déchirure et votre souffrance sont les nôtres et sont donc les miennes.

Je suis venu vous proposer de regarder ensemble, Africains et Français, au-delà de cette déchirure et au-delà de cette souffrance.

Je suis venu vous proposer, jeunes d'Afrique, non d'oublier cette déchirure et cette souffrance qui ne peuvent pas être oubliées, mais de les dépasser.

Je suis venu vous proposer, jeunes d'Afrique, non de ressasser ensemble le passé mais d'en tirer ensemble les leçons afin de regarder ensemble l'avenir.

Je suis venu, jeunes d'Afrique, regarder en face avec vous notre histoire commune.

L'Afrique a sa part de responsabilité dans son propre malheur. On s'est entretué en Afrique au moins autant qu'en Europe. Mais il est vrai que jadis, les Européens sont venus en Afrique en conquérants. Ils ont pris la terre de vos ancê-

tres. Ils ont banni les dieux, les tangues, les croyances, les coutumes de vos pères. Ils ont dit à vos pères ce qu'ils devaient penser, ce qu'ils devaient croire, ce qu'ils devaient faire. Ils ont coupé vos pères de leur passé, ils leur ont arraché leur âme et leurs racines. Ils ont désenchanté l'Afrique.

Ils ont eu tort.

Ils n'ont pas vu la profondeur et la richesse de l'âme africaine. Ils ont cru qu'ils étaient supérieurs, qu'ils étaient plus avancés, qu'ils étaient le progrès, qu'ils étaient la civilisation.

Ils ont eu tort.

Ils ont voulu convertir l'homme africain, ils ont voulu le façonner à leur image, ils ont cru qu'ils avaient tous les droits, ils ont cru qu'ils étaient tout puissants, plus puissants que les dieux de l'Afrique, plus puissants que l'âme africaine, plus puissants que les liens sacrés que les hommes avaient tissés patiemment pendant des millénaires avec le ciel et la terre d'Afrique, plus puissants que les mystères qui venaient du fond des âges.

Ils ont eu tort.

Ils ont abîmé un art de vivre. Ils ont abîmé un imaginaire merveilleux. Ils ont abîmé une sagesse ancestrale.

Ils ont eu tort.

Ils ont créé une angoisse, un mal de vivre, ils ont nourri la haine. Ils ont rendu plus difficile l'ouverture aux autres, l'échange, le partage parce que pour s'ouvrir, pour échanger, pour partager, il faut être assuré de son identité, de ses valeurs, de ses convictions. Face au colonisateur, le colonisé avait fini par ne plus avoir confiance en lui, par ne plus savoir qui il était, par se laisser gagner par la peur de l'autre, par la crainte de l'avenir.

Le colonisateur est venu, il a pris, il s'est servi, il a exploité, il a pillé des ressources, des richesses qui ne lui appartenaient pas. Il a dépouillé le colonisé de sa personnalité, de sa liberté, de sa terre, du fruit de son travail.

Il a pris mais je veux dire avec respect qu'il a aussi donné. Il a construit des ponts, des routes, des hôpitaux, des dispensaires, des écoles. Il a rendu féconde des terres vierges, il a donné sa peine, son travail, son savoir. Je veux le dire ici, tous les colons n'étaient pas des voleurs, tous les colons n'étaient pas des exploiteurs.

Il y avait parmi eux des hommes mauvais mais il y avait aussi des hommes de bonne volonté, des hommes qui croyaient remplir une mission civilisatrice, des hommes qui croyaient faire le bien. Ils se trompaient mais certains étaient sincères. Ils croyaient donner la liberté, ils créaient l'aliénation. Ils croyaient briser les chaînes de l'obscurantisme, de la superstition, de la servitude. Ils forgeaient des chaînes bien plus lourdes, ils imposaient une servitude plus pesante, car c'étaient les esprits, c'étaient les âmes qui étaient asservis. Ils croyaient donner l'amour sans voir qu'ils semaient la révolte et la haine.

La colonisation n'est pas responsable de toutes les difficultés actuelles de l'Afrique. Elle n'est pas responsable des guerres sanglantes que se font les Africains entre eux. Elle n'est pas responsable des génocides. Elle n'est pas responsable des dictateurs. Elle n'est pas responsable du fanatisme. Elle n'est pas responsable de la corruption, de la prévarication. Elle n'est pas responsable des gaspillages et de la pollution.

Mais la colonisation fut une grande faute qui fut payée par l'amertume et la souffrance de ceux qui avaient cru tout donner et qui ne comprenaient pas pourquoi on leur en voulait autant.

La colonisation fut une grande faute qui détruisit chez le colonisé l'estime de soi et fit naître dans son cœur cette haine de soi qui débouche toujours sur la haine des autres.

La colonisation fut une grande faute mais de cette grande faute est né l'embryon d'une destinée commune. Et cette idée me tient particulièrement à cœur.

La colonisation fut une faute qui a changé le destin de l'Europe et le destin de l'Afrique et qui les a mêlés. Et ce destin commun a été scellé par le sang des Africains qui sont venus mourir dans les guerres européennes.

Et la France n'oublie pas ce sang africain versé pour sa liberté.

Nul ne peut faire comme si rien n'était arrivé.

Nul ne peut faire comme si cette faute n'avait pas été commise.

Nul ne peut faire comme si cette histoire n'avait pas eu lieu.

Pour le meilleur comme pour le pire, la colonisation a transformé l'homme africain et l'homme européen.

Jeunes d'Afrique, vous êtes les héritiers des plus vieilles traditions africaines et vous êtes les héritiers de tout ce que l'Occident a déposé dans le cœur et dans l'âme de l'Afrique.

Jeunes d'Afrique, la civilisation européenne a eu tort de se croire supérieure à celle de vos ancêtres, mais désormais la civilisation européenne vous appartient aussi.

Jeunes d'Afrique, ne cédez pas à la tentation de la pureté parce qu'elle est une maladie, une maladie de l'intelligence, et qui est ce qu'il y a de plus dangereux au monde.

Jeunes d'Afrique, ne vous coupez pas de ce qui vous enrichit, ne vous amputez pas d'une part de vous-mêmes. La pureté est un enfermement, la pureté est une intolérance. La pureté est un fantasme qui conduit au fanatisme.

Je veux vous dire, jeunes d'Afrique, que le drame de l'Afrique n'est pas dans une prétendue infériorité de son art, de sa pensée, de sa culture. Car, pour ce qui est de l'art, de la pensée et de la culture, c'est l'Occident qui s'est mis à l'école de l'Afrique.

L'art moderne doit presque tout à l'Afrique. L'influence de l'Afrique a contribué à changer non seulement l'idée de la beauté, non seulement le sens du rythme, de la musique, de la danse, mais même, dit Senghor, la manière de marcher ou de rire du monde du XXème siècle.

Je veux donc dire, à la jeunesse d'Afrique, que le drame de l'Afrique ne vient pas de ce que l'âme africaine serait imperméable à la logique et à la raison. Car l'homme africain est aussi logique et raisonnable que l'homme européen.

C'est en puisant dans l'imaginaire africain que vous ont légué vos ancêtres, c'est en puisant dans les contes, dans les proverbes, dans les mythologies, dans les rites, dans ces formes qui, depuis l'aube des temps, se transmettent et s'enrichissent de génération en génération que vous trouverez l'imagination et la force de vous inventer un avenir qui vous soit propre, un avenir singulier qui ne ressemblera à aucun autre, où vous vous sentirez enfin libres, libres, jeunes d'Afrique d'être vous-mêmes, libres de décider par vous-mêmes.

Je suis venu vous dire que vous n'avez pas à avoir honte des valeurs de la civilisation africaine, qu'elles ne vous tirent pas vers le bas mais vers le haut, qu'elles sont un antidote au matérialisme et à l'individualisme qui asservissent l'homme moderne, qu'elles sont le plus précieux des héritages face à la déshumanisation et à l'aplatissement du monde.

Je suis venu vous dire que l'homme moderne qui éprouve le besoin de se réconcilier avec la nature a beaucoup à apprendre de l'homme africain qui vit en symbiose avec la nature depuis des millénaires.

Je suis venu vous dire que cette déchirure entre ces deux parts de vous-mêmes est votre plus grande force, et votre plus grande faiblesse selon que vous vous efforcerez ou non d'en faire la synthèse.

Mais je suis aussi venu vous dire qu'il y a en vous, jeunes d'Afrique, deux héritages, deux sagesses, deux traditions qui se sont longtemps combattus : ceux de l'Afrique et ceux de l'Europe.

Je suis venu vous dire que cette part africaine et cette part européenne de vous-mêmes forment votre identité déchirée.

Je ne suis pas venu, jeunes d'Afrique, vous donner des leçons.

Je ne suis pas venu vous faire la morale.

Mais je suis venu vous dire que la part d'Europe qui est en vous est le fruit d'un grand péché d'orgueil de l'Occident mais que cette part d'Europe en vous n'est pas indigne.

Car elle est l'appel de la liberté, de l'émancipation et de la justice et de l'égalité entre les femmes et les hommes. Car elle est l'appel à la raison et à la conscience universelle.

Le drame de l'Afrique, c'est que l'homme africain n'est pas assez entré dans l'histoire. Le paysan africain, qui depuis des millénaires, vit avec les saisons, dont l'idéal de vie est d'être en harmonie avec la nature, ne connaît que l'éternel recommencement du temps rythmé par la répétition sans fin des mêmes gestes et des mêmes paroles.

Dans cet imaginaire où tout recommence toujours, il n'y a de place ni pour l'aventure humaine, ni pour l'idée de progrès.

Dans cet univers où la nature commande tout, l'homme échappe à l'angoisse de l'histoire qui tenaille l'homme moderne mais l'homme reste immobile au milieu d'un ordre immuable où tout semble être écrit d'avance.

Jamais l'homme ne s'élance vers l'avenir. Jamais il ne lui vient à l'idée de sortir de la répétition pour s'inventer un destin.

Le problème de l'Afrique et permettez à un ami de l'Afrique de le dire, il est là. Le défi de l'Afrique, c'est d'entrer davantage dans l'histoire. C'est de puiser en elle l'énergie, la force, l'envie, la volonté d'écouter et d'épouser sa propre histoire.

Le problème de l'Afrique, c'est de cesser de toujours répéter, de toujours ressasser, de se libérer du mythe de l'éternel retour, c'est de prendre conscience que l'âge d'or qu'elle ne cesse de regretter, ne reviendra pas pour la raison qu'il n'a jamais existé.

Le problème de l'Afrique, c'est qu'elle vit trop le présent dans la nostalgie du paradis perdu de l'enfance.

Le problème de l'Afrique, c'est que trop souvent elle juge le présent par rapport à une pureté des origines totalement imaginaire et que personne ne peut espérer ressusciter.

Le problème de l'Afrique, ce n'est pas de s'inventer un passé plus ou moins mythique pour s'aider à supporter le présent mais de s'inventer un avenir avec des moyens qui lui soient propres.

Le problème de l'Afrique, ce n'est pas de se préparer au retour du malheur, comme si celui-ci devait indéfiniment se répéter, mais de vouloir se donner les moyens de conjurer le malheur, car l'Afrique a le droit au bonheur comme tous les autres continents du monde.

Le problème de l'Afrique, c'est de rester fidèle à elle-même sans rester immobile.

Le défi de l'Afrique, c'est d'apprendre à regarder son accession à l'universel non comme un reniement de ce qu'elle est mais comme un accomplissement.

Le défi de l'Afrique, c'est d'apprendre à se sentir l'héritière de tout ce qu'il y a d'universel dans toutes les civilisations humaines.

C'est de s'approprier les droits de l'homme, la démocratie, la liberté, l'égalité, la justice comme l'héritage commun de toutes les civilisations et de tous les hommes.

C'est de s'approprier la science et la technique modernes comme le produit de toute l'intelligence humaine.

Le défi de l'Afrique est celui de toutes les civilisations, de toutes les cultures, de tous les peuples qui veulent garder leur identité sans s'enfermer parce qu'ils savent que l'enfermement est mortel.

Les civilisations sont grandes à la mesure de leur participation au grand métissage de l'esprit humain.

La faiblesse de l'Afrique qui a connu sur son sol tant de civilisations brillantes, ce fut longtemps de ne pas participer assez à ce grand métissage. Elle a payé cher, l'Afrique, ce désengagement du monde qui l'a rendue si vulnérable. Mais, de ses malheurs, l'Afrique a tiré une force nouvelle en se métissant à son tour. Ce métissage, quelles que fussent les conditions douloureuses de son avènement, est la vraie force et la vraie chance de l'Afrique au moment où émerge la première civilisation mondiale.

La civilisation musulmane, la chrétienté, la colonisation, au-delà des crimes et des fautes qui furent commises en leur nom et qui ne sont pas excusables, ont ouvert les cœurs et les mentalités africaines à l'universel et à l'histoire.

Ne vous laissez pas, jeunes d'Afrique, voler votre avenir par ceux qui ne savent opposer à l'intolérance que l'intolérance, au racisme que le racisme.

Ne vous laissez pas, jeunes d'Afrique, voler votre avenir par ceux qui veulent vous exproprier d'une histoire qui vous appartient aussi parce qu'elle fut l'histoire douloureuse de vos parents, de vos grands-parents et de vos aïeux.

N'écoutez pas, jeunes d'Afrique, ceux qui veulent faire sortir l'Afrique de l'histoire au nom de la tradition parce qu'une Afrique ou plus rien ne changerait serait de nouveau condamnée à la servitude.

N'écoutez pas, jeunes d'Afrique, ceux qui veulent vous empêcher de prendre votre part dans l'aventure humaine, parce que sans vous, jeunes d'Afrique qui êtes la jeunesse du monde, l'aventure humaine sera moins belle.

N'écoutez pas jeunes d'Afrique, ceux qui veulent vous déraciner, vous priver de votre identité, faire table rase de tout ce qui est africain, de toute la mystique, la religiosité, la sensibilité, la mentalité africaine, parce que pour échanger il faut avoir quelque chose à donner, parce que pour parler aux autres, il faut avoir quelque chose à leur dire.

Ecoutez plutôt, jeunes d'Afrique, la grande voix du Président Senghor qui chercha toute sa vie à réconcilier les héritages et les cultures au croisement desquels les hasards et les tragédies de l'histoire avaient placé l'Afrique.

Il disait, lui l'enfant de Joal, qui avait été bercé par les rhapsodies des griots, il disait : « nous sommes des métis culturels, et si nous sentons en nègres, nous nous exprimons en français, parce que le français est une langue à vocation universelle, que notre message s'adresse aussi aux Français et aux autres hommes ».

Il disait aussi : « le français nous a fait don de ses mots abstraits si rares dans nos langues maternelles. Chez nous les mots sont naturellement nimbés d'un halo de sève et de sang ; les mots du français eux rayonnent de mille feux, comme des diamants. Des fusées qui éclairent notre nuit ».

Ainsi parlait Léopold Senghor qui fait honneur à tout ce que l'humanité comprend d'intelligence. Ce grand poète et ce grand Africain voulait que l'Afrique se mît à parler à toute l'humanité et lui écrivait en français des poèmes pour tous les hommes.

Ces poèmes étaient des chants qui parlaient à tous les hommes, d'êtres fabuleux qui gardent des fontaines, chantent dans les rivières et qui se cachent dans les arbres.

Des poèmes qui leur faisaient entendre les voix des morts du village et des ancêtres.

Des poèmes qui faisaient traverser des forêts de symboles et remonter jusqu'aux sources de la mémoire ancestrale que chaque peuple garde au fond de sa conscience comme l'adulte garde au fond de la sienne le souvenir du bonheur de l'enfance.

Car chaque peuple a connu ce temps de l'éternel présent, où il cherchait non à dominer l'univers mais à vivre en harmonie avec l'univers. Temps de la sensation, de l'instinct, de l'intuition. Temps du mystère et de l'initiation. Temps mystique ou le sacré était partout, où tout était signes et correspondances. C'est le temps des magiciens, des sorciers et des chamanes. Le temps de la parole qui était grande, parce qu'elle se respecte et se répète de génération en génération, et transmet, de siècle en siècle, des légendes aussi anciennes que les dieux.

L'Afrique a fait se ressouvenir à tous les peuples de la terre qu'ils avaient partagé la même enfance. L'Afrique en a réveillé les joies simples, les bonheurs éphémères et ce besoin, ce besoin auquel je crois moi-même tant, ce besoin de croire plutôt que de comprendre, ce besoin de ressentir plutôt que de raisonner, ce besoin d'être en harmonie plutôt que d'être en conquête.

Ceux qui jugent la culture africaine arriérée, ceux qui tiennent les Africains pour de grands enfants, tous ceux-là ont oublié que la Grèce antique qui nous a tant appris sur l'usage de la raison avait aussi ses sorciers, ses devins, ses cultes à mystères, ses sociétés secrètes, ses bois sacrés et sa mythologie qui venait du fond des âges et dans laquelle nous puisons encore, aujourd'hui, un inestimable trésor de sagesse humaine.

L'Afrique qui a aussi ses grands poèmes dramatiques et ses légendes tragiques, en écoutant Sophocle, a entendu une voix plus familière qu'elle ne l'aurait crû et l'Occident a reconnu dans l'art africain des formes de beauté qui avaient jadis été les siennes et qu'il éprouvait le besoin de ressusciter.

Alors entendez, jeunes d'Afrique, combien Rimbaud est africain quand il met des couleurs sur les voyelles comme tes ancêtres en mettaient sur leurs masques, « masque noir, masque rouge, masque blanc et noir ».

Ouvrez les yeux, jeunes d'Afrique, et ne regardez plus, comme l'ont fait trop souvent vos aînés, la civilisation mondiale comme une menace pour votre identité mais la civilisation mondiale comme quelque chose qui vous appartient aussi.

Dès lors que vous reconnaîtrez dans la sagesse universelle une part de la sagesse que vous tenez de vos pères et que vous aurez la volonté de la faire fructifier, alors commencera ce que j'appelle de mes vœux, la Renaissance africaine.

Dès lors que vous proclamerez que l'homme africain n'est pas voué à un destin qui serait fatalement tragique et que, partout en Afrique, il ne saurait y avoir d'autre but que le bonheur, alors commencera la renaissance africaine.

Dès lors que vous, jeunes d'Afrique, vous déclarerez qu'il ne saurait y avoir d'autres finalités pour une politique africaine que l'unité de l'Afrique et l'unité du genre humain, alors commencera la renaissance africaine.

Dès lors que vous regarderez bien en face la réalité de l'Afrique et que vous la prendrez à bras le corps, alors commencera la renaissance africaine. Car le problème de l'Afrique, c'est qu'elle est devenue un mythe que chacun reconstruit pour les besoins de sa cause.

Et ce mythe empêche de regarder en face la réalité de l'Afrique.

La réalité de l'Afrique, c'est une démographie trop forte pour une croissance économique trop faible.

La réalité de l'Afrique, c'est encore trop de famine, trop de misère.

La réalité de l'Afrique, c'est la rareté qui suscite la violence.

La réalité de l'Afrique, c'est le développement qui ne va pas assez vite, c'est l'agriculture qui ne produit pas assez, c'est le manque de routes, c'est le manque d'écoles, c'est le manque d'hôpitaux.

La réalité de l'Afrique, c'est un grand gaspillage d'énergie, de courage, de talents, d'intelligence.

La réalité de l'Afrique, c'est celle d'un grand continent qui a tout pour réussir et qui ne réussit pas parce qu'il n'arrive pas à se libérer de ses mythes.

La renaissance dont l'Afrique a besoin, vous seuls, jeunes d'Afrique, vous pouvez l'accomplir parce que vous seuls en aurez la force.

Cette Renaissance, je suis venu vous la proposer. Je suis venu vous la proposer pour que nous l'accomplissions ensemble parce que de la renaissance de l'Afrique dépend pour une large part la renaissance de l'Europe et la renaissance du monde.

Je sais l'envie de partir qu'éprouvent un si grand nombre d'entre vous confrontés aux difficultés de l'Afrique.

Je sais la tentation de l'exil qui pousse tant de jeunes Africains à aller chercher ailleurs ce qu'ils ne trouvent pas ici pour faire vivre leur famille.

Je sais ce qu'il faut de volonté, ce qu'il faut de courage pour tenter cette aventure, pour quitter sa patrie, la terre où l'on est né, où l'on a grandi, pour laisser derrière soi les lieux familiers où l'on a été heureux, l'amour d'une mère, d'un père ou d'un frère et cette solidarité, cette chaleur, cet esprit communautaire qui sont si forts en Afrique.

Je sais ce qu'il faut de force d'âme pour affronter le dépaysement, l'éloignement, la solitude.

Je sais ce que la plupart d'entre eux doivent affronter comme épreuves, comme difficultés, comme risques.

Je sais qu'ils iront parfois jusqu'à risquer leur vie pour aller jusqu'au bout de ce qu'ils croient être leur rêve.

Mais je sais que rien ne les retiendra.

Car rien ne retient jamais ta jeunesse quand elle se croit portée par ses rêves.

Je ne crois pas que la jeunesse africaine ne soit poussée à partir que pour fuir la misère.

Je crois que la jeunesse africaine s'en va parce que, comme toutes les jeunesses, elle veut conquérir le monde.

Comme toutes les jeunesses, elle a le goût de l'aventure et du grand large.

Elle veut aller voir comment on vit, comment on pense, comment on travaille, comment on étudie ailleurs.

L'Afrique n'accomplira pas sa Renaissance en coupant les ailes de sa jeunesse. Mais l'Afrique a besoin de sa jeunesse.

La renaissance de l'Afrique commencera en apprenant à la jeunesse africaine à vivre avec le monde, non à le refuser.

La jeunesse africaine doit avoir le sentiment que le monde lui appartient comme à toutes les jeunesses de la terre.

La jeunesse africaine doit avoir le sentiment que tout deviendra possible comme tout semblait possible aux hommes de la renaissance.

Alors, je sais bien que la jeunesse africaine ne doit pas être la seule jeunesse du monde assignée à résidence. Elle ne peut pas être la seule jeunesse du monde qui n'a le choix qu'entre la clandestinité et le repliement sur soi.

Elle doit pouvoir acquérir, hors d'Afrique, la compétence et le savoir qu'elle ne trouverait pas chez elle. Mais elle doit aussi à la terre africaine de mettre à son service les talents qu'elle aura développés. Il faut revenir bâtir l'Afrique ; il faut lui apporter le savoir, la compétence, le dynamisme de ses cadres. Il faut mettre un terme au pillage des élites africaines dont l'Afrique a besoin pour se développer.

Ce que veut la jeunesse africaine, c'est de ne pas être à la merci des passeurs sans scrupules qui jouent avec votre vie.

Ce que veut la jeunesse d'Afrique, c'est que sa dignité soit préservée.

C'est pouvoir faire des études, c'est pouvoir travailler, c'est pouvoir vivre décemment. C'est au fond, ce que veut toute l'Afrique. L'Afrique ne veut pas de la charité. L'Afrique ne veut pas d'aide. L'Afrique ne veut pas de passe-droit.

Ce que veut l'Afrique et ce qu'il faut lui donner, c'est la solidarité, la compréhension et le respect.

Ce que veut l'Afrique, ce n'est pas que l'on prenne son avenir en main, ce n'est pas que l'on pense à sa place, ce n'est pas que l'on décide à sa place.

Ce que veut l'Afrique est ce que veut la France, c'est la coopération, c'est l'association, c'est le partenariat entre des nations égales en droits et en devoirs.

Jeunesse africaine, vous voulez la démocratie, vous voulez la liberté, vous voulez la justice, vous voulez le Droit ? C'est à vous d'en décider. La France ne décidera pas à votre place. Mais si vous choisissez la démocratie, la liberté, la justice et le Droit, alors la France s'associera à vous pour les construire.

Jeunes d'Afrique, la mondialisation telle qu'elle se fait ne vous plaît pas. L'Afrique a payé trop cher le mirage du collectivisme et du progressisme pour céder à celui du laisser-faire.

Jeunes d'Afrique, vous croyez que le libre échange est bénéfique mais que ce n'est pas une religion. Vous croyez que la concurrence est un moyen mais que ce n'est pas une fin en soi. Vous ne croyez pas au laisser-faire. Vous savez qu'à être trop naïve, l'Afrique serait condamnée à devenir la proie des prédateurs du monde entier. Et cela vous ne le voulez pas. Vous voulez une autre mondialisation, avec plus d'humanité, avec plus de justice, avec plus de règles.

Je suis venu vous dire que la France la veut aussi. Elle veut se battre avec l'Europe, elle veut se battre avec l'Afrique, elle veut se battre avec tous ceux qui dans le monde, veulent changer la mondialisation. Si l'Afrique, la France et l'Europe le veulent ensemble, alors nous réussirons. Mais nous ne pouvons pas exprimer une volonté à votre place.

Jeunes d'Afrique, vous voulez le développement, vous voulez la croissance, vous voulez la hausse du niveau de vie.

Mais le voulez-vous vraiment ? Voulez-vous que cesse l'arbitraire, la corruption, la violence ? Voulez-vous que la propriété soit respectée, que l'argent soit investi au lieu d'être détourné ? Voulez-vous que l'Etat se remette à faire son métier, qu'il soit allégé des bureaucraties qui l'étouffent, qu'il soit libéré du parasitisme, du clientélisme, que son autorité soit restaurée, qu'il domine les féodalités, qu'il domine les corporatismes ? Voulez-vous que partout règne l'État de droit qui permet à chacun de savoir raisonnablement ce qu'il peut attendre des autres ?

Si vous le voulez, alors la France sera à vos côtés pour l'exiger, mais personne ne le voudra à votre place. Voulez-vous qu'il n'y ait plus de famine sur la terre africaine ? Voulez-vous que, sur la terre africaine, il n'y ait plus jamais un seul enfant qui meure de faim ? Alors cherchez l'autosuffisance alimentaire. Alors développez les cultures vivrières. L'Afrique a d'abord besoin de produire pour se nourrir. Si c'est ce que vous voulez, jeunes d'Afrique, vous tenez entre vos mains l'avenir de l'Afrique, et la France travaillera avec vous pour bâtir cet avenir.

Vous voulez lutter contre la pollution ? Vous voulez que le développement soit durable ? Vous voulez que les générations actuelles ne vivent plus au détriment des générations futures ? Vous voulez que chacun paye le véritable coût de ce qu'il consomme ? Vous voulez développer les technologies propres ? C'est à vous de le décider. Mais si vous le décidez, la France sera à vos côtés. Vous voulez la paix sur le continent africain ? Vous voulez la sécurité collective ? Vous voulez le règlement pacifique des conflits ? Vous voulez mettre fin au cycle infernal de la vengeance et de la haine ? C'est à vous, mes amis africains, de le décider. Et si vous le décidez, la France sera à vos côtés, comme une amie indéfectible, mais la France ne peut pas vouloir à la place de la jeunesse d'Afrique.

Vous voulez l'unité africaine ? La France le souhaite aussi.

Parce que la France souhaite l'unité de l'Afrique, car l'unité de l'Afrique rendra l'Afrique aux Africains.

Ce que veut faire la France avec l'Afrique, c'est regarder en face les réalités. C'est faire la politique des réalités et non plus la politique des mythes.

Ce que la France veut faire avec l'Afrique, c'est le co-développement, c'est-à-dire le développement partagé.

La France veut avec l'Afrique des projets communs, des pôles de compétitivité communs, des universités communes, des laboratoires communs.

Ce que la France veut faire avec l'Afrique, c'est élaborer une stratégie commune dans la mondialisation.

Ce que la France veut faire avec l'Afrique, c'est une politique d'immigration négociée ensemble, décidée ensemble pour que la jeunesse africaine puisse être accueillie en France et dans toute l'Europe avec dignité et avec respect.

Ce que la France veut faire avec l'Afrique, c'est une alliance de la jeunesse française et de la jeunesse africaine pour que le monde de demain soit un monde meilleur.

Ce que veut faire la France avec l'Afrique, c'est préparer l'avènement de l'Eurafrique, ce grand destin commun qui attend l'Europe et l'Afrique.

A ceux qui, en Afrique, regardent avec méfiance ce grand projet de l'Union Méditerranéenne que la France a proposé à tous les pays riverains de la Méditerranée, je veux dire que, dans l'esprit de la France, il ne s'agit nullement de mettre à l'écart l'Afrique, qui s'étend au sud du Sahara mais, qu'au contraire, il s'agit de faire de cette Union le pivot de l'Eurafrique, la première étape du plus grand rêve de paix et de prospérité qu'Européens et Africains sont capables de concevoir ensemble.

Alors, mes chers Amis, alors seulement, l'enfant noir de Camara Laye, à genoux dans le silence de la nuit africaine, saura et comprendra qu'il peut lever la tête et regarder avec confiance l'avenir. Et cet enfant noir de Camara Laye, il sentira réconciliées en lui les deux parts de lui-même. Et il se sentira enfin un homme comme tous les autres hommes de l'humanité.

Je vous remercie.

Deuxième partie

Barack Obama : sa personnalité, son environnement, le contexte et le texte de son discours d'Accra

a) La personnalité de Barack Obama, son environnement, et le contexte du discours à Accra

Le métis de 47 ans qui a été porté à la Maison Blanche en novembre 2008, peut à la fois être considéré comme le meilleur symbole de *l'américan dream,* et le produit réussi d'un brassage tricontinental et multiculturel. Né d'un père kenyan qu'il aura du reste mal connu ou presque pas connu, et élevé en partie par une grand-mère asiatique, l'homme n'est certainement pas le politicien classique qui aligne des intrigues et des coups bas pour conquérir les escaliers de la célébrité.

Si de par son parcours académique et sa formation professionnelle d'avocat ayant fréquenté les prestigieuses universités à l'instar de Harvard où il donnera pendant un temps des cours de droit, les voies habituelles de l'influence lui étaient ouvertes, les résistances de la discrimination dans une Amérique malgré elle encore loin d'être parfaite, étaient de nature à freiner son élan vers les sommets du pouvoir. C'est pourtant au sein du parti démocrate qu'il se révèle pour la première fois, à l'occasion du discours introductif et programmatique qu'il délivre en début de la convention en 2006. Le sénateur Obama qui en arrive à ce stade après avoir parcouru bien des étapes au niveau local et fait ses preuves dans les mouvements communautaires à Chicago, Etat de l'Illinois, avait tout de même formulé son ambition depuis longtemps. Sa biographie ne laisse à ce propos aucun doute sur le fait que le jeune avocat qui fera la rencontre de sa future épouse Michelle, avocate elle-même dans un cabinet où ils sont tous les deux employés, croyait fortement en son destin et travaillait à le concrétiser à long terme.

Mais plus que son intelligence, sa persévérance et son sens du compromis utile, c'est le contexte d'une Amérique doutant à nouveau de l'attachement de ses dirigeants aux valeurs morales qui fondent l'union, qui le place en pôle position et lui offre une chance unique de postuler à la magistrature suprême de la plus grande puissance du monde. Au sein même de son parti, rien n'est joué, d'autant que en face de lui, se dresse l'une des meilleures et plus populaires politiciennes des USA des cinquante dernières années, Hillary Rodham Clinton, épouse de l'ancien et toujours très populaire Bill Clinton.

Pourtant, le mouvement d'opinion très défavorable qui entoure la guerre en Irak, ne laisse aucune personne indifférente aux Etats-Unis. Pour le citoyen de base, il est temps de revoir la façon dont les choses se font à Washington et surtout de renouveler le personnel politique. Le débat dès les primaires tourne à l'affrontement entre une classe de politiciens obscurantiste et égoïste qui campe à Washington et ignore les préoccupations de l'Amérique profonde, d'une part, et une classe jeune, nouvelle, capable de changer le cours de la politique et le destin du pays, d'autre part. Ni les préjugés raciaux, ni les accusations d'inexpérience, ni les insinuations de collusion avec les islamistes, n'arrêteront les partisans démocrates qui en masse le plébiscitent naturellement comme leur candidat.

Le candidat qui se met en ordre de bataille contre le républicain John Mc Cain, n'est pas non plus le gagnant au départ, tant son adversaire, ancien pilote de chasse qui a passé de dures années de captivité comme prisonnier de guerre au Vietnam, sait jouer sur ce tableau pour arracher le cœur de ses compatriotes. Le monde entier assiste alors à une compétition électorale à rebondissements, faits de sondages aussi instables et aussi démoralisants de part et d'autre que les indications de température d'un thermomètre capricieux placé sur un malade dans le coma.

Il faut sans doute rétablir ici la vérité qui semble avoir été souvent cachée ou difficile à dire, sur la relation entre Barack

Obama et la vieille garde des mouvements des droits civiques surtout représentée par le pasteur Jesse Jackson. Même si les larmes de ce dernier lors du discours du nouveau président au soir de la proclamation des résultats ont pu atténuer l'observation, il est constant que Obama n'a pas eu les faveurs des Noirs au début de la campagne. Si les pauvres de toutes les races et les Noirs en masse l'ont soutenu, les leaders noirs ont d'abord traîné les pieds. Obama n'est pas connu dans la lutte pour les droits civiques et ne pouvaient donc pas revendiquer l'héritage de Martin Luther King par exemple. Certains leaders noirs n'ont pas manqué de le souligner un temps, avant de se faire plus discrets par la suite et de rentrer dans les rangs plus tard. Ne serait-ce donc que pour cet aspect, Obama ne pouvait jurer de rien en entrant en campagne contre son adversaire républicain. Certes, les Noirs ne sont que 12% de la population américaine et sont aujourd'hui distancés par les Hispaniques et les Asiatiques, mais leur prise de position ouverte pour un candidat crée généralement un effet d'entraînement pour les autres. La logique voudrait qu'eux seuls se soient réellement battus contre les discriminations et que toutes les minorités profitent bien aujourd'hui des fruits de leur lutte.

Deux événements majeurs joueront de façon décisive en faveur d'Obama dans le sprint final : le choix de Sarah Paulin, gouverneur de l'Etat de l'Alaska comme co-listier de Mc Cain, et l'explosion de la crise financière internationale qui démarre par la crise des crédits hypothécaires.

D'un côté, la jeune dame candidate pour la vice-présidence aux côtés de Mc Cain accumule des gaffes largement relayées et désapprouvées par la presse qui joue un rôle très important aux Etats-Unis, et de l'autre, le désastre de la crise des crédits hypothécaires qui jette plus de trois mille cinq cent familles américaines incapables de faire face à leurs dettes dans la rue. Les Américains déjà traumatisés par les corps des soldats qui reviennent chaque jour d'Irak, sont dorénavant réduits à la recherche de nouvelles formes de solidarité et d'assistance publique pour éviter de sombrer dans la catastrophe morale et matérielle. La côte de popularité du président Georges Bush est au plus bas, 26%, et tous les liens entre les différentes institutions du pouvoir à Washington semblent déréglés.

Dans ce contexte, Obama développe un discours encore plus novateur appelant au changement basé sur des priorités fondamentales : la relance de l'économie par une assistance massive aux familles, le soutien aux grandes entreprises industrielles, l'engagement des grands travaux d'infrastructure, la réforme du système bancaire avec une plus grande implication du pouvoir fédéral dans la régulation et le contrôle de toutes les transactions financières. A l'étranger, le candidat s'engage à mettre en route un processus de retrait des troupes d'Irak avant 2011, d'une part, et à redorer l'image des Etats-Unis auprès des principaux partenaires internationaux, d'autre part. Comme on pouvait s'y attendre, ces orientations lui valent le soutien des organes de presse les plus influents du pays, notamment le New York Times, le Washington Post, le Chicago Tribune et le Los Angeles Times. Obama est élu sans panache et félicité dès la proclamation des résultats par son concurrent républicain.

Sur l'Afrique, le nouveau président qui a choisi son ancienne rivale pour les primaires démocrates, Hillary Clinton, pour tenir le poste de Secrétaire d'Etat américain, n'a jusque-là développé que des idées générales de peur de laisser transparaître une quelconque passion pour le continent de naissance de son père. Mais chacun a compris que Obama se fait l'avocat d'une démocratie claire, complète et intégrale. Dans son discours au soir de son élection, il proclame la fidélité aux idéaux de démocratie des Etats-Unis de toujours et la volonté de travailler à la promouvoir dans tous les pays du monde. On retiendra surtout qu'il s'élève contre les tyrans qui écrasent et privent leur peuple de liberté. Nous vous vaincrons, lance le président en direction des *terroristes*.

Cependant, il serait inapproprié de désigner une région spécifique qui soit le centre d'intérêt de la politique étrangère des Etats-Unis en 2009. C'est le monde entier qui se fond sous les pieds de la nation la plus forte, la plus inventive et la plus prestigieuse. Le président sortant bien que difficilement reprochable contrairement aux commentaires généralement étalées dans la presse, laisse le sentiment d'avoir trop tiré sur la corde de la puissance américaine et d'avoir secrété l'idéologie de la pensée unique, d'une nouvelle arrogance, d'un pays impérial tout en hauteur et écrasant littéralement tous les autres. On revoit donc les Etats-Unis comme le centre de l'arrogance et la négation du multilatéralisme. Avec Pékin, c'est la guerre commerciale plombée par un déficit record de près de trois cent milliards de dollars à l'avantage des Chinois. Avec Moscou, c'est la mésentente cordiale sur le projet d'installation d'une base de missiles intercepteurs en Europe. Avec l'Europe même, c'est la méfiance réciproque et trop de sous-entendus. Au Moyen-Orient, les relations sont bonnes avec Israéliens et Palestiniens individuellement mais le processus de paix est complètement bloqué, plombé par les deux guerres, sud Liban et Gaza. Même avec Paris, on ne s'entend pas sur la manière de gérer la crise financière internationale.

En fait après avoir donné tous les pouvoirs à un homme pour lutter contre le terrorisme, traquer Al Qaeda et son chef Ben Laden, contenir le fanatisme islamiste, le corps électoral, l'opinion et les élus américains ont fait marche arrière. C'est bien le congrès des Etats-Unis qui, au lendemain des attentats du 11 septembre 2001, accorde les plus larges pouvoirs au président et met à sa disposition des fonds énormes pour la cause. Les lois américaines sont même modifiées pour s'adapter à cette guerre. Un ministère de la sécurité intérieure est créé. Les différentes agences de renseignement sont fondues en une seule structure plus efficace. Ce n'est pas le retour au Mc carthysme, mais l'on n'en est pas éloigné. L'Europe, la Russie et tous les grands pays qui comptent, avaient soutenu cette philosophie de répulsion du terrorisme à tout prix. Mais, voilà, les choses ne marchent plus ainsi. Trop de paramètres ont varié ou ont carrément changé depuis 2001.

Au moment où Obama arrive en Afrique, la situation s'est énormément dégradée depuis son élection. En Guinée Bissau, le président a été froidement assassiné. En Guinée Conakry, une junte militaire dirigée par un capitaine a pris le pouvoir après le décès du dictateur Conté. Au Sénégal, jadis considéré par les Etats-Unis comme un exemple, Wade a perdu tout crédit à force de vouloir manœuvrer pour arranger une succession par son fils. Dans les pays où la guerre civile ne fait pas rage, elle est rampante ou en cours de préparation. Bref, le continent est aux trois quart transformé en poudrière virtuelle avec les changements constitutionnels malhonnêtes pour prolonger les mandats présidentiels à l'instar du Cameroun, du Burkina Faso, de l'Algérie, de la Tunisie, du Tchad. Le nouveau président dans les veines de qui coule le sang africain, a presque honte de cette réalité.

Pourtant dans les cœurs des Africains, l'arrivée d'Obama à la Maison blanche a été célébrée comme du pain béni. Chacun ici y a vu une opportunité exceptionnelle de bousculer les dictateurs du continent et de forcer l'instauration de la démocratie par des élections libres. Dans le petit peuple, on s'est donc remis à espérer. On croit dur comme fer que ce que l'on n'a pas pu obtenir par les conférences nationales, par les coups d'Etat ou par les marches contre la vie chère, on l'obtiendra grâce à Barack Obama.

Voilà dans quel contexte général des Etats-Unis, du monde et de l'Afrique en particulier, le nouveau président s'adresse aux Africains depuis la tribune du parlement ghanéen à Accra le 11 juillet 2009.

b) Discours de Barack Obama à Accra devant les parlementaires ghanéens

Le président : (Son d'une trompette.) Ça me plaît ! Merci, merci. Je pense que notre Congrès a besoin d'une de ces trompettes. J'aime bien le son, cela me rappelle Louis Armstrong.

Bon après-midi à tous. C'est un grand honneur pour moi d'être à Accra et de parler aux représentants du peuple ghanéen. Je suis très reconnaissant de l'accueil que j'ai reçu, tout comme le sont Michelle, Malia et Sasha Obama. L'histoire ghanéenne est riche, les liens entre nos deux pays sont forts, et je suis fier que ce soit ma première visite en Afrique subsaharienne en qualité de président des Etats-Unis d'Amérique.

Je voudrais remercier la présidente et tous les membres de la Chambre des représentants de nous accueillir aujourd'hui. Je voudrais remercier le président Mills pour ses qualités extraordinaires de direction. Aux anciens présidents — Jerry Rawlings, l'ancien président Kufor — au vice-président, au président de la Cour suprême, je vous remercie tous pour votre hospitalité extraordinaire et pour les merveilleuses institutions que vous avez bâties au Ghana.

Je vous parle à la fin d'un long voyage. Je l'ai commencé en Russie par une réunion au sommet entre deux grandes puissances. Je me suis rendu en Italie pour la réunion des grandes puissances économiques du monde. Et me voici, enfin, au Ghana, pour une simple raison : le XXIe siècle sera *influencé par ce qui se passera non seulement à Rome ou à Moscou ou à Washington, mais aussi à Accra.*

C'est la simple vérité d'une époque où nos connexions font disparaître les frontières entre les peuples. Votre prospérité peut accroître la prospérité des Etats-Unis. Votre santé et votre sécurité peuvent contribuer à la santé et à la sécurité du monde. Et la force de votre démocratie peut contribuer à la progression des droits de l'homme pour tous les peuples.

Je ne considère donc pas les pays et les peuples d'Afrique comme un monde à part ; je considère l'Afrique comme une partie fondamentale de notre monde interconnecté, comme un partenaire des Etats-Unis en faveur de l'avenir que nous souhaitons pour tous nos enfants. Ce partenariat doit se fonder sur la responsabilité mutuelle et sur le respect mutuel : c'est ce dont je tiens à vous parler aujourd'hui.

Nous devons partir du principe qu'il revient aux Africains de décider de l'avenir de l'Afrique.

Je dis cela en étant pleinement conscient du passé tragique qui hante parfois cette partie du monde. Après tout, j'ai du sang africain dans les veines, et l'histoire de ma famille englobe aussi bien les tragédies que les triomphes de l'histoire de l'Afrique dans son ensemble.

Certains d'entre vous savent que mon grand-père était cuisinier chez des Britanniques au Kenya, et bien qu'il fût un ancien respecté dans son village, ses employeurs l'ont appelé « boy » pendant la plus grande partie de sa vie. Il était à la périphérie des luttes en faveur de la libération du Kenya, mais il a quand même été incarcéré brièvement pendant la période de répression. Durant sa vie, le colonialisme n'était pas simplement la création de frontières artificielles ou de termes de l'échange inéquitables ; c'était quelque chose que l'on éprouvait dans sa vie personnelle jour après jour, année après année.

Mon père a grandi dans un tout petit village où il gardait des chèvres, à une distance impossible des universités américaines où il irait faire des études. Il est devenu adulte à un moment de promesse extraordinaire pour l'Afrique. Les luttes de la génération de son propre père ont donné naissance à de nouveaux Etats, en commençant ici au Ghana. Les Africains s'éduquaient et s'affirmaient d'une nouvelle façon. L'histoire était en marche.

Toutefois, malgré les progrès obtenus — et il y a eu des progrès considérables dans certaines parties de l'Afrique — nous savons aussi que cette promesse est encore loin de se réaliser. Des pays tels que le Kenya, dont le revenu par habitant était supérieur à celui de la Corée du Sud lorsque je suis né, ont été fortement distancés. Les maladies et les conflits ont ravagé plusieurs régions du continent africain.

Dans de nombreux pays, l'espoir de la génération de mon père a cédé la place au cynisme, voire au désespoir. Certes, il est facile de pointer du doigt et de rejeter la responsabilité de ces problèmes sur d'autres. Il est vrai qu'une carte coloniale qui n'avait guère de sens a contribué à susciter des conflits, et l'Occident a souvent traité avec l'Afrique avec condescendance, à la quête de ressources plutôt qu'en partenaire. Cependant, l'Occident n'est pas responsable de la destruction de l'économie zimbabwéenne au cours des dix dernières années, ni des guerres où des enfants sont enrôlés comme soldats. Durant la vie de mon père, ce sont en partie le tribalisme et le népotisme dans un Kenya indépendant qui, pendant longtemps, ont fait dérailler sa carrière, et nous savons que cette forme de corruption est toujours un fait quotidien de la vie d'un trop grand nombre de personnes.

Or, nous savons que ce n'est pas là toute l'histoire. Ici au Ghana, vous nous montrez un aspect de l'Afrique qui est trop souvent négligé par un monde qui ne voit que les tragédies ou la nécessité d'une aide charitable. Le peuple ghanéen a travaillé dur pour consolider la démocratie, au moyen de passages pacifiques répétés du pouvoir, même à la suite d'élections très serrées. Et à cet égard, je voudrais dire que la minorité mérite tout autant de louanges que la majorité. Grâce à une meilleure gouvernance et au rôle de la société civile naissante, l'économie ghanéenne a enregistré un taux de croissance impressionnant.

Ce progrès ne possède sans doute pas l'aspect dramatique des luttes de libération du XXe siècle, mais que personne ne s'y trompe : il sera, en fin de compte, plus significatif. Car de même qu'il est important de se soustraire au contrôle d'une autre nation, il est encore plus important de se forger sa propre nation.

C'est pourquoi je suis convaincu que la période actuelle est tout aussi prometteuse pour le Ghana et pour l'Afrique que celle pendant laquelle mon père est devenu adulte et que de nouveaux Etats sont apparus. C'est une nouvelle période de grande promesse. Seulement cette fois-ci, nous avons appris que ce ne seront pas de grandes personnalités telles que Nkrumah et Kenyatta qui décideront du destin de l'Afrique. Ce sera vous, les hommes et les femmes du Parlement ghanéen et le peuple que vous représentez. Ce seront les jeunes, débordant de talent, d'énergie et d'espoir, qui pourront revendiquer l'avenir que tant de personnes des générations précédentes n'ont jamais réalisé.

Maintenant, pour réaliser cette promesse, nous devons tout d'abord reconnaître une vérité fondamentale à laquelle vous avez donné vie au Ghana, à savoir que le développement dépend de la bonne gouvernance. C'est l'ingrédient qui fait défaut dans beaucoup trop de pays depuis bien trop longtemps. C'est le changement qui peut déverrouiller les potentialités de l'Afrique. Enfin, c'est une responsabilité dont seuls les Africains peuvent s'acquitter.

Quant aux États-Unis et au reste de l'Occident, notre engagement ne doit pas se mesurer uniquement à l'aune des dollars que nous dépensons. Je me suis engagé à augmenter fortement notre aide à l'étranger, ce qui correspond à l'intérêt de l'Afrique et à celui des Etats-Unis. Toutefois, le véritable signe de réussite n'est pas de savoir si nous sommes une source d'aide perpétuelle qui aide les gens à survivre tant bien que mal, mais si nous sommes des partenaires dans la création des capacités nécessaires pour un changement transformateur.

Cette responsabilité mutuelle doit être le fondement de notre partenariat. Aujourd'hui, je parlerai tout particulièrement de quatre domaines qui sont essentiels pour l'avenir de l'Afrique et de tous les pays en développement : la démocratie, les possibilités économiques, la santé et le règlement pacifique des conflits.

Premièrement, nous devons soutenir les démocraties puissantes et durables.

Comme je l'ai dit au Caire, chaque nation façonne la démocratie à sa manière, conformément à ses traditions. Mais l'histoire prononce un verdict clair : les gouvernements qui respectent la volonté de leur peuple, qui gouvernent par le consentement et non par la coercition, sont plus prospères, plus stables et plus florissants que ceux qui ne le font pas.

Il ne s'agit pas seulement d'organiser des élections — il faut voir ce qui se passe entre les scrutins. La répression revêt de nombreuses formes et trop de pays, même ceux qui tiennent des élections, sont en proie à des problèmes qui condamnent leur peuple à la pauvreté. Aucun pays ne peut créer de richesse si ses dirigeants exploitent l'économie pour s'enrichir personnellement, ou si des policiers peuvent être achetés par des trafiquants de drogue. Aucune entreprise ne veut investir dans un pays où le gouvernement se taille au départ une part de 20 %, ou dans lequel le chef de l'autorité portuaire est corrompu. Personne ne veut vivre dans une société où la règle de droit cède la place à la loi du plus fort et à la corruption. Ce n'est pas de la démocratie, c'est de la tyrannie, même si de temps en temps on y sème une élection ça et là, et il est temps que ce style de gouvernement disparaisse.

En ce XXIe siècle, des institutions capables, fiables et transparentes sont la clé du succès — des parlements puissants et des forces de police honnêtes ; des juges et des journalistes indépendants ; un secteur privé et une société civile florissants, ainsi qu'une presse indépendante. Tels sont les éléments qui donnent vie à la démocratie, parce que c'est ce qui compte dans la vie quotidienne des gens.

Les Ghanéens ont à maintes reprises, préféré le droit constitutionnel à l'autocratie, et ont fait preuve d'un esprit démocratique qui permet à leur énergie de se manifester. Nous le voyons dans les dirigeants qui acceptent la défaite gracieusement — le fait que les concurrents du président Mills se tenaient là à ses côtés lorsque je suis descendu de l'avion en dit long sur le Ghana — et dans les vainqueurs qui résistent aux appels à l'exercice de leur pouvoir contre l'opposition de manière injuste. Nous voyons cet esprit se manifester dans les journalistes courageux comme Anas Aremeyaw Anas, qui a risqué sa vie pour relater la vérité. Nous le voyons dans des policiers comme Patience Quaye, qui a contribué à faire traduire en justice le premier trafiquant d'êtres humains au Ghana. Nous le voyons dans les jeunes qui s'élèvent contre le népotisme et qui participent à la vie politique.

Dans toute l'Afrique, nous avons vu de multiples exemples de gens qui prennent leur destinée en main et qui opèrent des changements à partir de la base. Nous l'avons vu au Kenya, où la société civile et le secteur privé se sont unis pour aider à stopper la violence postélectorale. Nous l'avons vu en Afrique du Sud, où plus des trois quarts des citoyens ont voté dans la dernière élection, la quatrième depuis la fin de l'apartheid. Nous l'avons vu au Zimbabwe, où le réseau de soutien au vote a bravé la brutale répression pour faire valoir le principe selon lequel le droit de vote d'un citoyen est sacré.

Alors ne vous y trompez pas : l'histoire est du côté de ces courageux Africains, et non dans le camp de ceux qui se servent de coups d'Etat ou qui modifient les constitutions pour rester au pouvoir. L'Afrique n'a pas besoin d'hommes forts, mais de fortes institutions.

L'Amérique ne cherchera pas à imposer un système quelconque de gouvernement à aucune autre nation. La vérité essentielle de la démocratie est que chaque nation détermine elle-même son destin. Ce que fera l'Amérique, en revanche, ce sera d'accroître son aide aux personnes et aux institutions responsables, en mettant l'accent sur l'appui à la bonne gouvernance : aux parlements, qui maîtrisent les abus de pouvoir et s'assurent que les voix de l'opposition peuvent s'exprimer ; à la règle de droit, qui garantit l'égalité de tous devant la justice ; à la participation civile, afin que les jeunes soient actifs dans la vie politique ; et à des solutions concrètes à la corruption telles que l'expertise comptable, l'automatisation des services, le renforcement des lignes d'appel d'urgence, la protection de ceux qui dénoncent les abus afin de promouvoir la transparence, et la responsabilité.

Et cette aide, nous la fournissons. J'ai demandé à mon gouvernement d'accorder davantage d'attention à la corruption dans notre rapport sur les droits de l'homme. Tous les gens devraient avoir le droit de démarrer une entreprise ou d'obtenir une éducation sans avoir à verser de pots-de-vin. Nous avons le devoir de soutenir ceux qui agissent de façon responsable et d'isoler ceux qui ne le font pas, et c'est exactement ce que fera l'Amérique.

Cela nous conduit directement à notre deuxième domaine de coopération — le soutien à un développement qui offre des débouchés aux gens.

Avec une meilleure gouvernance, je ne doute pas que l'Afrique tiendra sa promesse de créer une plus vaste base pour la prospérité. Témoin en est le succès extraordinaire d'Africains dans mon propre pays d'Amérique. Ils se portent très bien. Ils ont donc le talent et ils possèdent l'esprit d'entreprise — la question est de savoir comment s'assurer qu'ils réussissent ici dans leur pays d'origine. Ce continent est riche en ressources naturelles. Et que ce soient des chefs d'entreprises spécialisées dans la téléphonie portable ou des petits agriculteurs, les Africains ont montré leur capacité et leur volonté de créer leurs propres possibilités. Mais il faut également rompre avec de vieilles habitudes. La dépendance vis-à-vis des matières premières — ou d'un seul produit d'exportation — a tendance à concentrer la richesse au sein d'une minorité, laissant la majorité vulnérable à la récession.

Au Ghana, par exemple, le pétrole crée de magnifiques possibilités, et vous vous êtes préparés à ces nouveaux revenus de façon responsable. Mais comme le savent de nombreux Ghanéens, le pétrole ne peut pas simplement remplacer le cacao. De la Corée du Sud à Singapour, l'histoire montre que les pays réussissent lorsqu'ils investissent dans la société et dans leurs infrastructures ; lorsqu'ils multiplient les industries d'exportation, se dotent d'une main-d'œuvre qualifiée et font de la place aux petites et moyennes entreprises créatrices d'emplois.

Alors que les Africains se rapprochent de cette promesse, l'Amérique va leur tendre la main de façon plus responsable. En réduisant les sommes qui vont aux consultants occidentaux et au gouvernement, nous voulons mettre plus de ressources entre les mains de ceux qui en ont besoin, tout en apprenant aux gens à faire plus pour eux-mêmes. C'est pourquoi notre initiative de 3,5 milliards de dollars en faveur de la sécurité alimentaire est axée sur de nouvelles méthodes et technologies agricoles, et non pas sur la simple expédition de biens et services américains vers l'Afrique. L'aide n'est pas une fin en soi. L'objectif de l'aide à l'étranger doit être de créer les conditions dans lesquelles elle ne sera plus nécessaire. Non seulement je veux voir les Ghanéens autosuffisants sur le plan alimentaire, je veux vous voir exporter des produits alimentaires à d'autres pays et gagner de l'argent. Cela, vous le pouvez.

Certes, l'Amérique peut faire plus pour promouvoir le commerce et les investissements. Les pays riches doivent réellement ouvrir leurs portes aux biens et services de l'Afrique d'une manière significative. Ce sera d'ailleurs un des engagements de mon gouvernement. Et là où il y a une bonne gouvernance, nous pouvons étendre la prospérité par le truchement de partenariats entre les secteurs public et privé qui investiront dans l'amélioration des routes et des réseaux électriques ; de programmes de formation qui apprendront aux gens comment développer leur entreprise ; et de services financiers non seulement pour les villes mais pour les régions pauvres et les zones rurales. Cela aussi dans notre propre intérêt parce que si les gens se sortent de la pauvreté et que de la richesse se crée en Afrique, il s'ensuit que de nouveaux marchés s'ouvriront pour nos propres produits. Tout le monde y gagne.

Un secteur qui représente à la fois un danger indéniable et une promesse extraordinaire est celui de l'énergie. L'Afrique émet moins de gaz à effet de serre que toute autre région du monde, mais elle est la plus menacée par le changement climatique. Une planète qui se réchauffe propagera les maladies, réduira les ressources en eau, épuisera les récoltes, et créera les conditions favorables à plus de famine et plus de conflits. Nous avons tous — en particulier le monde développé — le devoir de ralentir ces tendances, en réduisant les effets du changement climatique et en changeant la façon dont nous utilisons l'énergie. Mais nous pouvons également coopérer avec les Africains pour transformer cette crise en occasion de progrès.

Ensemble, nous pouvons coopérer en faveur de notre planète et de la prospérité, et aider les pays à accroître leur accès à l'énergie tout en sautant, en contournant les phases les plus polluantes du développement. Pensez-y : dans l'ensemble de l'Afrique, il existe de l'énergie éolienne et solaire en abondance, ainsi que de l'énergie géothermique et des biocarburants. De la vallée du Rift aux déserts de l'Afrique du Nord ; de la côte de l'Afrique de l'Ouest aux récoltes de l'Afrique du Sud, les dons inépuisables que procure la nature à l'Afrique peuvent lui permettre de créer sa propre énergie et d'exporter de l'énergie propre et rentable à l'étranger.

Il ne s'agit pas seulement de chiffres de croissance sur un bilan comptable. Il s'agit de savoir si un jeune doté d'une éducation peut trouver un emploi qui lui permettra de nourrir sa famille ; si un agriculteur peut amener ses produits au marché ; ou si un homme d'affaires armé d'une bonne idée peut démarrer une entreprise. Il s'agit de la dignité du travail. Il s'agit d'une chance que doivent pouvoir saisir les Africains au XXIe siècle.

De même que la gouvernance est une condition essentielle du progrès économique, elle revêt également une importance cruciale dans le troisième domaine que je voudrais à présent aborder, l'amélioration de la santé publique.

Ces dernières années, des progrès énormes ont été accomplis dans certaines parties de l'Afrique. Les gens sont beaucoup plus nombreux à vivre avec le VIH sida de manière productive et à obtenir les médicaments qu'il leur faut. Je viens de visiter une merveilleuse clinique, un hôpital spécialisé dans la santé maternelle. Mais trop d'Africains périssent toujours de maladies qui ne devraient pas les tuer. Lorsque des enfants meurent d'une piqûre de moustique et que des mères succombent lors d'un accouchement, nous savons qu'il reste des progrès à faire.

Or du fait des incitations, souvent fournies par les pays donateurs, beaucoup de médecins et d'infirmiers africains s'en vont à l'étranger, ou travaillent à des programmes qui luttent contre une maladie unique. Cette situation crée des lacunes en matière de soins primaires et de prévention de base. Par ailleurs, il appartient à tout un chacun de faire sa part. Il faut faire des choix responsables de nature à prévenir la propagation de la maladie et à promouvoir la santé publique dans la collectivité et dans le pays.

Ainsi, d'un bout à l'autre de l'Afrique, nous voyons des exemples de gens qui s'attaquent à ces problèmes. Au Nigeria, des chrétiens et des musulmans ont mis en place un programme interconfessionnel de lutte contre le paludisme qui est un modèle de coopération. Ici au Ghana et dans toute l'Afrique, nous observons des idées novatrices visant à combler les lacunes du système de santé, par exemple des initiati-

ves d'échanges d'informations médicales par Internet qui permettent à des médecins exerçant dans de grandes villes d'aider ceux des petites agglomérations.

Les États-Unis appuieront ces efforts dans le cadre d'une stratégie de santé exhaustive et mondiale. Car au XXIe siècle, nous sommes appelés à agir selon notre conscience mais aussi dans notre intérêt commun. Lorsqu'un enfant meurt à Accra d'une maladie évitable, cela nous diminue partout. Lorsque dans un coin quelconque du monde on néglige de s'attaquer à une maladie, nous savons qu'elle peut se propager à travers les océans et d'un continent à l'autre.

C'est pourquoi mon gouvernement s'est engagé à consacrer 63 milliards de dollars à relever ces défis — 63 milliards de dollars. En nous fondant sur les solides efforts du président Bush, nous poursuivrons la lutte contre le VIH/Sida. Nous ne cesserons de chercher à enrayer la mortalité due au paludisme et à la tuberculose et nous travaillerons à éradiquer la polio. Il ne s'agit d'ailleurs pas de s'attaquer aux maladies isolément. Nous investirons dans des systèmes de santé publique à même de prévenir la maladie et de promouvoir le bien-être, en mettant l'accent sur la santé maternelle et infantile.

En même temps que nous unissons nos efforts en faveur d'une meilleure santé, nous devons également stopper la destruction causée non pas par la maladie, mais par les êtres humains. C'est pourquoi le dernier domaine que je vais aborder se rapporte aux conflits.

Soyons bien clairs l'Afrique ne correspond pas à la caricature grossière d'un continent perpétuellement en guerre. Mais si l'on est honnête, pour beaucoup trop d'Africains, le conflit fait partie de la vie ; il est aussi constant que le soleil. On se bat pour des territoires et on se bat pour des ressources. Et il est toujours trop facile à des individus sans cons-

cience d'entraîner des communautés entières dans des guerres entre religions et entre tribus.

Tous ces conflits pèsent sur l'Afrique comme un véritable boulet. Nous sommes tous répartis selon nos identités diverses, de tribu et d'ethnie, de religion et de nationalité. Mais se définir par son opposition à une personne d'une autre tribu, ou qui vénère un prophète différent, cela n'a aucune place au XXIe siècle. La diversité de l'Afrique devrait être source de force et non facteur de division. Nous sommes tous enfants de Dieu. Nous partageons tous des aspirations communes : vivre dans la paix et dans la sécurité ; avoir accès à l'éducation et à la possibilité de réussir ; aimer notre famille, notre communauté et notre foi. Voilà notre humanité commune.

C'est la raison pour laquelle nous devons nous élever contre l'inhumanité parmi nous. Il n'est jamais justifiable — jamais justifiable — de cibler des innocents au nom d'une idéologie. C'est un arrêt de mort, pour toute société, que de forcer des enfants à tuer dans une guerre. C'est une marque suprême de criminalité et de lâcheté que de condamner des femmes à l'ignominie continuelle et systémique du viol. Nous devons rendre témoignage de la valeur de chaque enfant au Darfour et de la dignité de chaque femme au Congo. Aucune religion, aucune culture ne doit excuser les atrocités qui leur sont infligées. Nous devons tous rechercher la paix et la sécurité nécessaires au progrès.

On voit d'ailleurs des Africains se mobiliser pour cet avenir. Ici aussi, au Ghana, nous vous voyons contribuer à montrer la voie. Soyez fiers, Ghanéens, de vos contributions au maintien de la paix au Congo, au Libéria ou encore au Liban, ainsi que de votre résistance au fléau du trafic de stupéfiants. Nous nous félicitons des mesures que prennent des organisations telles que l'Union Africaine et la CEDEAO en vue de mieux régler les conflits, de maintenir la paix et de soutenir ceux qui sont dans le besoin. Et nous encourageons la vision d'un cadre sécuritaire régional puissant, capable de mobiliser une force efficace et transnationale lorsque cela s'avère nécessaire.

Il incombe aux États-Unis de travailler avec vous en tant que partenaires à promouvoir cette vision, non seulement par des paroles mais aussi par des appuis qui renforcent les capacités de l'Afrique. Lorsqu'il y a génocide au Darfour ou des terroristes en Somalie, ce ne sont pas simplement des problèmes africains : ce sont des défis mondiaux à la sécurité, exigeant une riposte mondiale.

C'est pourquoi nous sommes prêts à agir en partenariat, tant par la diplomatie que par l'assistance technique et l'appui logistique, et que nous soutiendrons les efforts visant à contraindre les criminels de guerre à rendre des comptes. En outre, je tiens à le dire clairement : notre Commandement pour l'Afrique ne vise pas à prendre pied sur le continent, mais à relever ces défis communs afin de renforcer la sécurité des Etats-Unis, de l'Afrique et du reste du monde.

À Moscou, j'ai parlé de la nécessité d'un système international où les droits universels des êtres humains soient respectés et où les violations de ces droits soient combattues. Ceci doit inclure un engagement à soutenir ceux qui règlent les conflits pacifiquement, à sanctionner et à arrêter ceux qui ne le font pas, et à aider ceux qui ont souffert. Mais enfin de compte, ce seront des démocraties dynamiques telles que le Botswana et le Ghana qui diminueront les causes de conflit et élargiront les frontières de la paix et de la prospérité.

Comme je l'ai déjà dit, l'avenir de l'Afrique appartient aux Africains. Les peuples d'Afrique sont prêts à revendiquer cet avenir. Dans mon pays, les Afro-américains — dont un grand nombre d'immigrés récents — réussissent dans tous les secteurs de la société. Cela, nous l'avons accompli en dépit d'un passé difficile et nous avons puisé notre force dans notre héritage africain. Avec de puissantes institutions et une ferme volonté, je sais que les Africains peuvent réaliser leurs rêves à Nairobi et à Lagos, à Kigali et à Kinshasa, à Harare et ici même à Accra.

Vous savez, il y a cinquante-deux ans, les yeux du monde étaient rivés sur le Ghana. Et un jeune prédicateur du nom de Martin Luther King est venu ici, à Accra, pour voir amener les couleurs de l'Union Jack et hisser le drapeau du Ghana. Cet événement précédait la marche sur Washington et l'aboutissement du mouvement des droits civiques dans mon pays. On a demandé à Martin Luther King quel sentiment lui avait inspiré la vue de la naissance d'une nation, et il a répondu : « Cela renforce ma conviction que la justice finit toujours par triompher.»

Aujourd'hui, ce triomphe doit être, une fois de plus, renouvelé, et c'est vous qui devrez le faire. Ici, je m'adresse particulièrement aux jeunes, à travers toute l'Afrique et ici même au Ghana. Dans des endroits comme le Ghana, vous représentez plus de la moitié de la population.

Et voici ce que vous devez savoir : le monde sera ce que vous en ferez. Vous avez le pouvoir de responsabiliser vos dirigeants et de bâtir des institutions qui servent le peuple. Vous pouvez servir vos communautés et mettre votre énergie et votre savoir à contribution pour créer de nouvelles richesses ainsi que de nouvelles connexions avec le monde. Vous pouvez conquérir la maladie, mettre fin aux conflits et réaliser le changement à partir de la base. Vous pouvez faire tout cela. Oui, vous le pouvez. Car en ce moment précis, l'histoire est en marche.

Mais ces choses ne pourront se faire que si vous saisissez la responsabilité de votre avenir. Ce ne sera pas facile. Cela exigera du temps et des efforts. Il y aura des souffrances et des revers. Mais je puis vous promettre ceci :

L'Amérique vous accompagnera tout le long du chemin, en tant que partenaire ; en tant qu'amie. Cependant, le progrès ne viendra de nulle part ailleurs, il doit découler des décisions que vous prendrez, des actions que vous engagerez et de l'espoir que vous porterez dans votre cœur.

Ghana, la liberté est votre héritage. À présent, c'est à vous que revient la responsabilité de bâtir sur cette fondation de liberté. Si vous le faites, nous pourrons, bien des années plus tard, nous remémorer des lieux comme Accra et nous dire que c'est à ce moment-là que la promesse s'est réalisée, que la prospérité s'est forgée, que la douleur a été surmontée et qu'une nouvelle ère de progrès a débuté. Ce moment peut être celui où nous verrons, une fois de plus, triompher la justice. Oui nous le pouvons.

Merci.

Troisième partie

Pourquoi le reste du monde accourt-il au chevet de l'Afrique ? Critique des critiques

Pour tous ceux qui manquaient de perspectives, de motifs suffisants, de courage ou d'alliés pour s'interroger profondément et sincèrement sur le sort de l'Afrique et particulièrement de l'Homme noir, messieurs Sarkozy et Obama leur offrent l'occasion la plus importante de toute l'histoire contemporaine. L'on voudra volontiers se livrer à des polémiques ou à des procès d'intention de toutes sortes, mais rien ne permettra au bout du compte d'enlever au discours de Dakar et d'Accra, le rôle moteur exceptionnel dans toute réflexion nouvelle sur les problèmes de l'Afrique noire. Que certains auteurs attentionnés aient parlé de discours fondateur, de moment de renaissance, d'étape de réveil à propos de la sortie de ces deux grands dirigeants du monde, n'est que la preuve d'une vitalité pragmatique qui s'impose dorénavant pour une démarche décomplexée et déchargée de nombre de mensonges. Il est inutile de citer ici ces nombreux auteurs dont certains lecteurs attentifs ont pu dans un passé très récent, fréquenter les œuvres ou au moins eu vent directement ou indirectement de leurs thèses. Nous avons l'ambition de tourner la page des polémiques et des célébrations d'un héroïsme auto-glorifiant. Nous sommes dans un débat novateur de gens courageux.

Une ligne de force prospective se dégage à notre niveau, pour situer quelques contours de l'exégète, du sondage et des justifications qui servent de pilote à la base des sorties de si hauts dirigeants en si peu de temps pour l'Afrique, chacun agissant et se prononçant avec un sens de l'urgence quasiment messianique. Il ne s'agit pas en réalité d'un champ de travail vierge, il s'agit même au contraire d'un catalogue de refrains usé. Mais ce qui fonde l'intérêt des proclamations en ce moment historique se situe ailleurs dans la prise de conscience de l'existence d'une opportunité rare, aussi rare qu'il ne serait pas exagéré de comparer cette opportunité à celle d'une comète dont les manifestations se lisent en siècles d'espacement.

a) Implications de la coexistence des nations

La guerre joue un rôle capital de facteur de stabilisation et de détermination des rapports d'influence et d'audience entre les nations. Dans tous les systèmes d'organisation, que ce soit chez les êtres humains ou que ce soit chez les animaux, c'est la confrontation permanente sous toutes les formes imaginables qui crée finalement les conditions permettant des choix hiérarchiques. Lorsque l'on parcourt l'histoire de l'humanité, le fait le plus marquant, c'est le mode de définition des critères de répartition des zones géographiques entre différents groupes humains. On s'est toujours battu sur terre, sur les mers et les océans et dans les airs. On s'est même battu de façon froide dans l'espace et l'espace extra-atmosphérique. On s'est battu sous les mers. On s'est battu partout, pour les mêmes mobiles, la prééminence de l'influence, la démonstration de la puissance et l'exigence de respect.

Aussi, la première preuve d'une organisation sociale solide et respectable réside dans la manière dont le système de sécurité et de protection est structuré. Il ne s'agit point de structures de répression pour contenir la contestation éventuelle des citoyens exigeants. Ce dont il est question, c'est la capacité de l'organisation sociale à se prémunir contre des rivaux, des agressions extérieures, des intrus qui en voudraient à ses terres, à son espace vital, à ses richesses.

Il ne peut donc pas exister de peuple serein, craint et respecté, sans capacité de se protéger et de se défendre. Historiquement, toutes les nations qui n'ont pas pris les précautions pour conduire des guerres éventuelles ont été défaites, humiliées, brimées et conquises. En réalité le processus de coopération qu'impose la coexistence des nations implique la révision permanente des critères de hiérarchisation des influences. Sans cette révision permanente, aucune société internationale ne saurait se définir comme un champ de progrès vérifié et certifié par la comparaison des modes de production, des apports et des contributions à la formation de la richesse de l'humanité entière. Aux étudiants de première année en relations internationales à qui des rudiments de connaissance de la société internationale sont indispensables, il est toujours bon de rappeler que ce sont des intérêts qui en cohabitant de façon pacifique ou violente, consacrent la vie internationale et suscitent la réflexion sur les normes appropriées devant régir leurs relations. De là naît donc le droit international, ensemble de règles de tolérance formelles officiellement convenues par les acteurs, mais d'application très relative.

Avant le premier traité multilatéral dit de Westphalie au XVIIIe siècle, la scène internationale demeurait pratiquement un champ de rivalités et de conquêtes brutales, de combines meurtrières et de razzias. Ce qui fait véritablement la différence entre hier et aujourd'hui, ce n'est pas le fond, c'est davantage la forme, en ceci que les contours et les principes d'une civilisation universelle du droit des gens et du droit des nations ont été établis et consignés, tantôt par des actes nationaux, tantôt par des actes internationaux.

S'il faut en revenir aux sources de la puissance des nations, celles-ci concernent le commerce, l'invention, la maîtrise de l'espace, la satisfaction des besoins courants, la projection dans le temps, l'exploration et les conquêtes des terres proches et lointaines. Il va sans dire, sauf à vouloir ramer contre la plus élémentaire des logiques, que celui qui a la force dispose du moyen de se prévaloir des droits et des richesses, mieux que celui qui est faible. Nous parlons de la force au sens des atouts cités ci-dessus concernant la détermination de la capacité d'influence des nations.

Par ailleurs, évoquer la force, mettre en exergue des atouts, invoquer l'influence, interpelle un autre élément qui est culturel voire génétique. Pourquoi en voudrons-nous à ceux qui établissent une relation entre les performances des individus et leurs traits génétiques ? Il faut pouvoir convenir d'un code général d'analyse et d'observation de l'évolution des peuples et des nations pour mettre fin une fois pour toutes aux soupçons qui habitent les faibles, les fainéants et les incompétents lorsqu'ils sont placés devant les résultats imparfaits, insuffisants ou attardés de leurs œuvres. Le porteur du plus gros canon enverra immanquablement son boulet sur une cible située beaucoup plus loin que celui qui ne dispose que d'un canon moins consistant et peu puissant. Et s'il faut croire à Grotius avec la théorie de l'influence mesurée à partir de la puissance du canon, la cause des uns et des autres est vite entendue. Dans le droit international de la mer, cette thèse a servi à définir les droits premiers des uns et des autres sur les espaces marins et plus tard sur la haute mer. Ne disait-on pas ainsi que le territoire maritime de l'Etat, correspondait à la portée de ses canons ? Même en dépit des performances de l'humanité devenue plus solidaire à travers un corps de normes convenues entre les principaux acteurs publics internationaux, le soupçon de puissance égoïste demeure. Lorsque le premier homme effectue le premier pas sur la lune, il prend certes la précaution de déclarer « *c'est un petit pas pour l'homme, mais un grand pas pour l'humanité* ». Cette humanité est bien relative car considérée après coup dans l'agencement des rapports de forces et des apports dans la formulation du patrimoine scientifique et technologique, comment pourrait-on penser autrement que de célébrer et d'affirmer la puissance des Etats-Unis d'Amérique ? Les félicitations adressées aux astronautes américains ne pouvaient pas l'être à quelqu'un d'autre, à un citoyen d'ailleurs, d'un autre pays. Il est d'ailleurs permis de croire que si un trésor était caché là haut, les Américains l'auraient déniché et en auraient fait une propriété difficilement partageable avec quiconque.

Sans qu'il soit tout à fait juste de l'affirmer ou de le penser, rien ne certifie que les Américains qui se sont rendus sur la lune, ont révélé au reste du monde tout ce qu'ils y ont vu et tout ce qu'ils y ont ramené. Les scientifiques des autres nations ne peuvent qu'apprécier avec toute la relativité, toute la logique et toute la condition de subordination de ceux qui n'ont pas été au cœur de l'affaire ou qui n'appartiennent pas à la nation victorieuse.

A partir de cet exemple de la conquête de la lune, personne ne contestera que ce soit à celui qui a pris de l'avance pour aller au-delà, que revient le privilège de l'accumulation des fruits de son initiative. S'il y avait des habitants dans la planète lune, les pauvres se seraient peut-être trouvés exactement dans la situation des peuples rencontrés par Christophe Colomb ou par d'autres explorateurs de même type. Comment pourrait-on imaginer les relations entre les arrivants et les locaux ? D'abord, l'on imagine les gens sur place, contemplant la machine des visiteurs comme quelque chose de miraculeux, d'étrange, de sorcier, de mystique. Nous pouvons voir d'ici des bambins, des adultes, des gens de toutes conditions se sentant tantôt terrifiés, tantôt gratifiés par la visite de créatures dont ils n'avaient jamais soupçonné l'existence.

L'autre cas de figure, c'est que les visiteurs soient plutôt déphasés, regardés en arriérés, en attardés, parce que sur place règne une société plus avancée, plus structurée. La machine des Américains seraient alors considérée comme un objet obsolète que les peuples de la lune ont dépassé depuis des siècles. D'ailleurs, les gens de la lune seraient tellement avancés que le cas des Terriens ne les intéresserait pas. Ils n'auraient rien à apprendre des Américains et seraient au contraire en relation avec des habitants d'une autre planète de niveau de développement et de réalisation scientifique équivalent.

Alors, il faut bien observer que dans le premier cas, les Américains joueraient d'abord aux visiteurs polis, affectueux et gentils. Mais compte tenu de la découverte de l'état d'arriération de la société des gens de la lune, ils s'imposeraient en maîtres incontestables et incontestés. Ils entreprendraient de construire des écoles, des hôpitaux, des routes, des ponts, bref des infrastructures de première nécessité indispensables pour régenter la vie de tous les jours. L'on imagine quelques gens de la lune du coup très excités par l'idée de se rendre sur la planète terre pour obtenir une éducation, pour se former, pour apprendre beaucoup de choses. L'on imagine les chefs de la planète lune entretenant des accords avec les Américains pour un tas de choses et engageant leur peuple dans des obligations de toutes natures, bien sûr en position de faiblesse et pas vraiment dans le bon sens.

Et puis, imaginez donc les visiteurs découvrant sur place un tas de choses utiles pour la vie sur terre, des minéraux rares, des personnes disposant de qualités exceptionnelles pour accomplir certaines tâches sur terre. Logiquement ces personnes seraient ramenées sur terre, aux Etats-Unis, pour être exploitées dans l'intérêt du développement de la société américaine.

La guerre et la paix entre les nations induit d'abord la recherche du point focal de convergence, de conciliation ou de contradiction. La science, l'aventure, et les voyages sont des substrats de domination et de conquête, parce qu'il se profile dans la démarche, le besoin d'expression de puissance, de démonstration et d'application de l'instinct de domination des choses connues et inconnues, des vérités admises et contestées, des espaces viables et non viables. C'est donc de l'intelligence avisée voire rusée, que jaillit la domination et le droit d'imposer. Cette intelligence est par nature impérialiste, en ceci qu'elle s'exprime pour prévaloir sur toute autre intelligence qui n'aurait pas le même sens de l'alerte et de maîtrise des signes, des émotions, des objets et des sujets.

La guerre se gagne alors à partir certes de la dextérité des stratèges et des aptitudes au déroulement tactique des opérations sur le terrain, mais encore à partir de la qualité et de la performance des armes utilisées. Si l'histoire de l'humanité se résume en explorations, en découvertes, en voyages, en conquêtes et conventions de coopération ou de collaboration entre les différents groupes, nations, tribus et clans, il faut rechercher pour chaque peuple, chaque nation ou chaque civilisation, les prouesses accomplies dans le temps. C'est aux peuples et aux nations qui ont démontré et exprimé des capacités incontestables dans ce sens qu'est revenu le droit, disons la possibilité ou le privilège de s'imposer aux autres, de les dominer et de définir, de façon honnête ou malhonnête, la configuration du monde.

b) Le privilège des conquérants et le sort des peuples vaincus

Dès ma première rencontre avec les livres d'histoire, il ne fut question que de noms de peuples très lointains situés en Europe, la vieille Europe ou le vieux continent, me disait-on. Il n'a toujours été question que de Grecs, d'Espagnols, de Hollandais, de Portugais, de Syriens et bien d'autres. Ce sont des conquérants, des gens qui ont dominé les mers et les océans, découvert des terres et développé le commerce, le commerce de toutes natures, des marchandises et des êtres humains. En effet des êtres humains faisaient tout simplement partie des marchandises.

Que nous réserve donc la lecture de l'histoire de la coexistence entre les nations sur ce point précis, vu sous l'angle des réalisations, des découvertes révolutionnaires et des aventures tenaces ? Bien, pour peu que l'on veuille promouvoir une compréhension non partisane de l'histoire des grandes découvertes, l'on est obligé de s'interroger sur le rôle des peuples du continent africain. Ce n'est ni faire du racisme ni se livrer à de la provocation. Je veux croire que tout n'a pas été dit ou que nous n'avons pas encore pu établir un rapport de force suffisamment favorable pour raconter l'histoire à notre manière, mais toujours est-il que de tout ce que j'ai lu et entendu, beaucoup de choses ont été faites à partir des intelligences venues du continent ou empruntées au continent. Ce qui fait défaut, c'est la paternité en quelque sorte de la paternité effective pour tout ce qui nous serait attribué.

Dans cette optique, je constate avec regret et amertume que nous n'avons pris part à aucune de ces batailles entre corsaires, pirates et bandes armées de toutes sortes et de toute origine qui marquent l'histoire maritime depuis la nuit des temps. En somme, les ancêtres de mes ancêtres, ceux de ces époques des grandes découvertes et des premières fréquentations des espaces marins, ne furent pas concernés. Je cherche toujours des assurances dans ce domaine afin de me faire une conviction définitive sur l'exclusivité de la maîtrise des mers et des océans par les Blancs comme disent vulgairement les Africains des couches populaires. Il semblerait que des chefs africains eurent l'idée d'envoyer des explorateurs au-delà de leurs terres pour ramener des nouvelles, mais sans lendemain. Je ne connais pas encore de preuves historiques qui confirment cette éventualité de façon irréfutable. Certes, il ne pouvait pas exister de peuples africains au sud du Sahara que cantonnés dans ces vastes espaces de savane et de forêt. Mais alors, comment convenir qu'ils ont été autre chose, qu'ils ont fait autre chose, et qu'ils pouvaient faire autre chose que ce que j'appris dans mes premiers livres scolaires ?

La seule évidence qui s'établit dans l'univers de l'enfant écolier africain, c'est l'arrivée des Blancs, l'esclavage, la traite, l'imposition des modes de pensée et des cultures étrangers. En somme, les Africains ne sont jamais parvenus à aller rendre visite à des peuples lointains et ils ne surent, ne purent ou ne voulurent pas se livrer au commerce ou à la conquête trop loin de leurs terres. Les autres sont venus nous trouver sur place chez nous, sur nos terres, et nous ont proposé ou imposé des choses. Il faudrait donc croire que, sauf autre démonstration, les Africains ont tout simplement subi sans jamais faire subir, et ont tout accepté sans jamais contester vraiment.

Ce serait pourtant inadéquat de dire que nous n'avons fait que subir sans jamais contester ni opposer des résistances. Il a existé des sociétés africaines structurées, organisées, dirigées, harmonieuses. Ces sociétés, empires, royaumes et autres, avaient des armées, des lignes de résistance qui se sont opposé quand il le fallait et avec les moyens dont ils disposaient. Ma connaissance de notre histoire à ce propos fonde ma conviction selon laquelle nous n'avions pas, loin s'en faut, les moyens voire les prédispositions à gagner la guerre contre les visiteurs. Nous ne pouvions donc que subir au bout du compte, malgré quelques résistances louables. Donc, il y a eu des contacts entre des civilisations de niveau d'intelligence et de développement très inégalitaires et les plus forts ont vaincu les plus faibles. Il ne peut en être autrement, à moins de soutenir qu'au nom d'une religiosité extraordinaire, les Africains n'eurent jamais l'intention d'aller conquérir les autres peuples, organiser des razzias, découvrir les mers, importer de la main d'œuvre. Sur cet aspect, c'est celui qui avait besoin des bras et des énergies pour faire tourner ses affaires, cultiver ses plantations, labourer ses terres à vil prix, qui se mettait en position de rechercher des opportunités partout où cela pouvait être possible. Or celui qui cherche ne se prive point si une opportunité se présente de satisfaire ses besoins. Même en économie, un principe cardinal voudrait que le comportement du consommateur soit conditionné par le souci de satisfaire un besoin. Voilà qui dit bien que ceux qui avaient d'énormes besoins ne se sont pas privés au premier contact avec des opportunités, de se servir, d'importer par millions des bras, des âmes fragiles, des êtres déjà considérés avec très peu d'égards par leurs propres chefs. Il ne faut jamais perdre de vue que les premiers contacts entre l'Europe et l'Afrique ne furent ni violents ni brutaux.

Le commerce des esclaves commence comme la conséquence des accords signés avec les rois nègres qui dominaient les emplacements côtiers. Que les choses aient mal tourné par la suite relève des évolutions que nombre d'historiens ont traité chacun à sa manière, néanmoins sans jamais contester les faits d'origine.

Les Africains émergent donc de toute l'histoire de l'humanité comme des vaincus et c'est à partir de cette position qu'il faut bâtir tout raisonnement pour la suite de leur évolution et de leurs rapports avec la construction du monde, l'évaluation des rapports des forces dans l'arène international et la projection conséquente dans les prochaines décennies. Il faut reconnaître à l'Europe esclavagiste et conquérante, une capacité exceptionnelle de mutation qui lui a permis sans qu'elle en soit obligée par quelques rapports de forces défavorables venues de l'extérieur, de changer son attitude, de faire évoluer ses valeurs et de restituer sa morale humaniste. L'Europe industrielle et mécanique a mis fin au recours à certaines méthodes et à certaines formes de relations trop honteuses avec les autres peuples, mais elle a conservé légitimement le droit et les privilèges résultant de ses conquêtes, de ses découvertes et de ses aventures à travers les quatre coins de la planète.

Des peuples vaincus, notre époque contemporaine nous apprend à la lumière de leur comportement et de leur positionnement que la place qui leur revient n'a presque pas évolué en pratique. L'Afrique au sud du Sahara est demeurée une terre meurtrie habitée par des peuples qui n'ont pas gagné la guerre, qui n'ont pas pu, su ou réussi à repousser les envahisseurs de bonne ou de mauvaise foi. Dans le droit de la guerre, le vainqueur s'autorise certaines compensations jusqu'aux limites du raisonnable. En effet si hier aucune règlementation, aucun code de conduite ne s'imposait internationalement aux vainqueurs, le droit international moderne a rendu possible l'édiction des normes de conduite et de traitement, tant en ce qui concerne le statut des biens qu'en ce qui concerne le statut des personnes. Pourtant, rien ne permet d'affirmer que nous fonctionnons effectivement dans une totale transparence en ce qui concerne l'application des codes de conduite conventionnels. Les exemples des territoires palestiniens offrent une occasion d'observer et de jauger le degré d'application des normes établies et des usages conseillés.

L'Afrique et l'Europe ont hérité d'une histoire et des rapports de forces qui établissent clairement une relation déséquilibrée au désavantage du premier. Mais ce qui est plus grave, c'est la formulation négative des équations de travail chaque fois qu'il faut réfléchir sur l'amélioration de cette relation. En lieu et place d'une démarche intellectuelle honnête et constructive, l'on a souvent privilégié du côté des Africains, des formes d'expression et de contribution complètement négatives, mensongères et complexées. Les discours de Dakar et d'Accra ont été consacrés sans le dire, à la critique des critiques tout en invitant à une élévation des enjeux, et même en évitant de contribuer à enfoncer moralement le clou dans des plaies maintenues artificiellement béantes.

Quatrième partie

La projection faussée de l'Afrique dans l'imaginaire historique et dans le destin futur par les Africains eux-mêmes

Pour chaque grand malade, il y a quatre types de situations : le diagnostic, la thérapie, la guérison ou la mort et les conséquences. Lorsque l'on se trouve dans la situation d'un malade hésitant et indécis qui à dessein cache sa maladie, le discours prend quatre autres dimensions : la première, c'est la réfutation de l'état de pathologie ; la deuxième, c'est un effort de mensonge sur les causes de la maladie ; la troisième, c'est la désignation d'un bouc émissaire de façon à refuser toute faute personnelle ; la quatrième, enfin, c'est la tentative de banalisation en se donnant bonne conscience pour l'avenir. Il est très courant de rencontrer ce genre d'attitude chez certains malades du Sida en Afrique, et curieusement chez les cadres supérieurs.

Je ne suis pas personnellement convaincu que s'agissant de la situation de l'Afrique par rapport au reste du monde, par rapport à son évolution, par rapport à son présent et à son avenir, tout a été dit. Des choses ont été dites, mais l'ont-elles été intégralement, pleinement et honnêtement ? Lorsque je me réfère à mon éducation, aux enseignements de base reçus et au processus de mon positionnement sur la scène intellectuelle et scientifique, je me rends compte que quelque part, de nombreuses défaillances ont été volontairement cultivées et entretenues. Ces défaillances ne sont pas forcément le fait d'autrui, elles résultent d'un schéma de développement et d'expression complaisant voulu par les premiers intellectuels africains. Nous sommes alors tout proche de ce comportement du malade qui brouille toutes les données de ses malheurs et déstabilise consciemment son entourage, laissant des héritiers étourdis et un héritage trouble.

a) La trilogie négative

C'est donc en classe de première que je prends véritablement conscience de l'existence d'un problème et d'un débat. L'occasion est exceptionnellement attrayante et obligeante, puisque c'est un cours inscrit au programme qui va constituer le socle de mon initiation. En cette année 1973 et à l'âge de 19 ans, le jeune lycéen que je suis n'a véritablement de la projection de la race dans le monde, que les étapes douloureuses de l'esclavage et de la traite des Noirs. Nous nous représentions les Afro-Américains et les Antillais comme une source d'inspiration positive malgré tout, mais nous n'en faisions pas un objet de débats ni de mésintelligence avec le reste du monde. Dans l'imaginaire des enfants de cet âge, bercés par la musique afro-américaine et admiratifs de tout ce qui provenait de leur foyer d'existence, il n'y avait pas lieu de produire des querelles dans la suite de notre existence avec quiconque. Le débat était donc clos, parce que cela nous semblait acquis, que l'histoire s'était faite à notre défaveur, mais que les Noirs maintenant établis dans ces pays lointains n'étaient pas si mal lotis que cela. Certes, les bruits des luttes pour les droits civiques nous rappelaient des drames. Nous entendions parler de Martin Luther King, de Mohamed Ali, de James Brown, des artistes de renom, mais nous n'avions pas à disposition les moyens didactiques pour appréhender autrement l'histoire et le monde.

Cette situation traduisait la pauvreté des manuels scolaires et le retard mis dans la configuration et l'émulation d'une identité nationale authentique débarrassée des préjugées coloniaux et des travers de certaines pesanteurs traditionnelles.

Mais l'Afrique avait déjà produit les Senghor, Mongo Béti, Thomas Meloné, Wolé Soyinka et bien d'autres encore. Plus loin, il existait une littérature foisonnante de la diaspora des Antilles et des Etats-Unis, fils et filles d'esclaves qui avaient très tôt engagé la contestation et le combat pour leur dignité par l'écriture.

Voilà dans quelles conditions et dans quel contexte le jeune lycéen de classe de première, soit un an avant d'embrasser les études universitaires, découvre la littérature négro-africaine, ses multiples messages et ses problèmes. L'Université de Yaoundé venait à peine de mettre sur le terrain ses premiers licenciés en littérature africaine, et beaucoup après un rapide transit par l'Ecole Normale Supérieure chargé de former les enseignants, se retrouvaient en très peu de temps avec la charge de conduire l'éducation de milliers d'élèves.

Le cours de littérature africaine était un récital de souffrance et de drames multidimensionnel. En réalité le professeur avait transformé ses enseignements en outils d'éveil, faisant preuve d'un militantisme auquel nous adhérions d'autant plus facilement que nous découvrions des pans jusque-là ignorés de notre histoire et des débats autour de notre destin d'Africains. Il n'était pourtant pas possible d'appréhender sur le champ toute la substance et les contours des enjeux, car nous étions très jeunes et n'avions pas véritablement les moyens intellectuels pour formuler une opinion propre, un jugement indépendant, une conclusion solidement motivée.

Toutefois, ce que nous avions alors reçu et perçu comme grandes lignes du discours de notre professeur par ailleurs relayés par le professeur d'histoire, était suffisant pour dénouer les ficelles du débat pour toute la suite de notre carrière d'apprentis, de chercheurs, d'universitaires. La jonction du cours de littérature africaine et du cours d'histoire produisait immanquablement des étincelles dans notre esprit et entretenait dans le conditionnement de notre formation, des postulats, des certitudes, des doutes, des procès sans fin, des besoins de vengeance, des soupçons lourds sur le déroulement de la vie.

Plusieurs années après, devenu universitaire accompli, passé par les mouvements militants anti-colonialistes et anti-impérialistes, moulé dans le campus des universités de Dakar qui fut un des principaux centres de formation de la personnalité intellectuelle d'Afrique francophone, et après avoir fréquenté les arcanes de la Sorbonne et côtoyé les ruelles inondées de tracts du Quartier latin à Paris, pénétré les mouvements militants afro-américains et regardé toutes les réalités du monde réunies dans la tour de verre du siège de l'ONU à New York, j'ai réalisé que de mes premiers cours de littérature, jaillissaient toutes les distorsions qui entravent une réflexion dynamique sur le destin de l'Afrique.

De tout ce qui précède, j'ai donc retenu que l'Africain s'est constitué en prisonnier permanent de son histoire. Cet Africain du sud du Sahara particulièrement n'a fait que trois choses : se plaindre, accuser et s'auto-glorifier.

Notre cours de littérature africaine nous plaçait uniquement dans la position de jeunes à former et à gagner pour le combat contre les Blancs à la manière des Talibans recrutés pour combattre l'Occident. L'Africain le plus en vue devait être celui qui se plaint le plus, qui se plaint en permanence et qui se fait le plus violent possible à l'endroit des Blancs, de l'Europe, de l'Occident. Ce formatage nous conduisait à choisir entre les intellectuels engagés et les autres, en fait entre ceux qui tenaient une ligne très dure et ceux qui exprimaient une vision plus plate et romantique de la coexistence des peuples. Césaire par exemple était présenté comme un vrai Noir, un révolutionnaire pendant que Senghor était présenté comme un intellectuel mou, collaborateur des Blancs, traître en quelque sorte. Les aînés ne nous ont jamais invités à une réflexion au-delà de cette présentation limitée à un repli négatif et à une projection guerrière sans perspectives positives.

L'Africain continue de se plaindre, se plaindre, se plaindre indéfiniment pour avoir été, dit-il, fait esclave, vendu comme une vulgaire marchandise. Et lorsqu'il faut investiguer sur les causes de cette situation déplorable, l'Africain accuse, accuse, accuse le Blanc, l'Europe, l'Occident, pour l'avoir détruit, colonisé, volé, pillé et ruiné. Et lorsque l'Africain veut se donner de la hauteur et faire bonne mine, il invoque des faits d'arme à son actif. L'Africain récite ses prouesses dans l'histoire, parcourt les moindres détails d'invention et de création pour dénicher un Noir qui aurait réalisé quelque chose de significatif quelque part.

C'est devenu une mode facile de se réclamer de Cheick Anta Diop. L'on veut bien se dire et se convaincre que le premier homme est apparu en Afrique, que les preuves sont irréfutables. Dès que l'on tente d'annoncer que des fossiles plus anciennes pourraient être découvertes ailleurs qu'en Afrique, c'est la panique dans la famille, car on risque de perdre un élément important sur lequel s'accroche un bout de fierté et de dignité. C'est ainsi, des pharaons aux pyramides, l'Egypte ancienne qui met en ordre des trésors considérables doit être montrée comme une preuve pour l'Afrique de l'antériorité de son ingéniosité. Il faut convoquer les historiens pour établir l'origine des mathématiques, de l'algèbre et des tas d'autres choses chez nous. Tout cela pour dire que l'Occident a tout pris en Afrique, que nous ne sommes pas si derniers, que nous avons contribué aux inventions, à l'avancement de la science, à la révolution industrielle, à l'invention des machines, à la transformation technocratique du monde.

Dans ce concert de plaintes, d'accusations et d'auto satisfaction, nulle interrogation profonde sur nos responsabilités réelles. Le professeur de littérature africaine nous a installé dans le cerveau que les premiers intellectuels de chez nous étaient dans leurs droits de développer une littérature de combat, que la littérature de combat était une littérature anti-raciste, mais secrétant un racisme anti-raciste. Au moment où il fallait susciter dans notre intelligence une réflexion sur les raisons de notre échec et de notre défaite dans l'histoire face aux autres peuples, on nous enseignait à cultiver la haine du Blanc, la guerre contre l'Occident. Les enfants africains sont allés à l'école pour se faire dire qu'il fallait se souler contre les responsables de l'esclavage et de la traite des Noirs. La première démarche a consisté à trier entre les bons et les mauvais apôtres de la négritude, et à partir de là, positionner les troupes pour la revanche. Voilà comment les premiers intellectuels africains ont passé le temps à distraire la galerie, à semer en fait le trouble dans les esprits des générations montantes, sans jamais se remettre en cause, et sans jamais procéder à un sondage critique du passé des sociétés africaines.

Comment peut-on expliquer qu'au premier contact avec les peuples européens, les peuples africains aient été trompés, battus au change, vaincus, faits esclaves et emmenés vers des champs de coton et de canne à sucre en Amérique et aux Antilles ?

Un peuple qui a été fait esclave devrait réfléchir sincèrement et profondément sur les causes de cette terrible déconvenue. Au lieu de réfléchir sur cette simple interrogation d'une évidence déroutante, les Africains organisent la fuite en avant, produisant une littérature encore plus corrompant et plus anesthésiant que celle d'hier. Les rayons des librairies sont encombrés de titres qui frisent la folie et le délire : *l'Afrique vaincra ; demain c'est l'Afrique ; quand l'Afrique se réveillera ; le sursaut africain*, etc. Voici comment un de ces érudits conclut sa présentation messianique : « *l'homme trouve son origine en Afrique et si les Africains sont des hommes comme les autres, l'homme trouvera son avenir en Afrique* ».

Evidemment tous ces titres et le contenu des ouvrages n'engagent personne, pas même les auteurs dont la plupart affichent au quotidien des comportements et des attitudes qui sont loin de constituer des références ou des sources d'espoir. D'autres sont tapis dans de petites vies de misère depuis les confins des quartiers pour immigrés des grandes métropoles européennes et américaines, mènent une vie de reclus démissionnaires et sirotent tranquillement leur bière loin des réalités africaines.

b) L'inévitable retour de bâton d'un comportement inutilement belliqueux

A trop se plaindre, on finit bien par installer dans tous les esprits, une image, l'image que l'on se fabrique consciemment ou inconsciemment par une permanence du discours misérabiliste. Tous les peuples n'ont plus de l'Afrique que l'image d'un continent rempli de problèmes insolubles, de maladies chroniques, d'affamés, de marginaux. Nous avons réussi à forcer même les personnes les plus pieuses et les plus compréhensives au dégoût du continent. Dans les rapports bilatéraux, dans les assemblées de caractère multilatéral et universel, les Africains sont plus connus pour leur quête de traitement particulier, marginal et par trop référentiel. Si avant l'accession à la souveraineté internationale, il était compréhensible de focaliser l'attention sur le sort de ce continent dont la plupart des entités administratives demeuraient sous le joug de quelques puissances colonialistes, il n'est plus normal d'investir toute l'énergie des institutions planétaires sur un seul continent qui ne cesse de se présenter en malade incurable.

Les Africains ont tout fait pour subir le traitement et la considération de grands enfants difficiles à émanciper. On avait cru que les indépendances formelles permettraient au moins de promouvoir une dignité, une fierté, une personnalité qui serait suffisamment jalouse pour s'affirmer. Hélas, nous assistons depuis à l'inverse. Dès qu'un Africain prend la parole à la tribune d'une organisation internationale, c'est pour verser dans la demande de justice et des dénonciations qui embarrassent la plupart des autres délégations.

Certes, ce qui peut être considéré comme un chantage de mauvaise fortune a souvent payé, engendrant notamment des programmes spéciaux à l'instar de « la fameuse décennie de l'Afrique », instituée par une résolution de l'Assemblée Générale de l'ONU. Mais ce que les auteurs de ces initiatives régulièrement réchauffées versent facilement dans des excès de langage qui suscitent généralement leur déconsidération. Dans un monde où la vitesse et l'inventivité ont redessiné les priorités et les relations d'influence, il n' ya pas de place pour les cancres, les fainéants jouant de ruse et d'idiotie volontaire pour se faire livrer des fortunes en aides diverses.

Mon chauffeur de taxi cambodgien disait exactement cela des Africains qui étaient ses collègues, en s'étonnant que ces derniers soient entrés dans une culture de la protestation et de la dénonciation immatérielle, face à des patrons français qui n'ont fait que tirer des leçons négatives pour les intéressés. Il est difficile de respecter qui que ce soit dont le meilleur trait de caractère connu est l'expression permanente d'une insatisfaction chronique. Même lorsque des fautes graves pouvaient être imputées aux Africains, ceux-ci ne trouvent jamais qu'ils méritent des reproches. Ce beau rôle de victime innocente ou d'acteur inégal, de partenaire handicapé, a certainement favorisé l'utilisation de l'Africain pour jouer des jeux échappant à son intelligence immédiate. Si des gens peuvent tant se plaindre des abus, des injustices et de la discrimination, c'est qu'ils doivent être anormaux.

J'ai noté durant certaines de mes sorties dans les conférences, les sessions d'assemblée et les comités de suivi ou de réflexion diplomatique, que le traitement de faveur dont on fait bénéficier les Africains, ne se situe dans aucune logique d'aide acceptable. Ce traitement est dorénavant teint d'arrière pensée ironique. Les programmes sont de plus en plus conçus pour répondre non pas aux appels au secours qui émergent des familles, des simples citoyens, des vieillards, et des jeunes en détresse, mais pour satisfaire les accusations belliqueuses d'une élite déconnectée et adepte des coups d'éclat.

Ce que l'on a entendu après le discours de Dakar rentre bien dans cette logique d'un terrorisme intellectuel sans moyens de réalisation ultime. Ce n'est pas tant le contenu effectif et les objectifs de ce discours qui était en cause, c'est la personne de l'auteur. En effet les intellectuels africains qui ont commis des ouvrages pour récuser monsieur Sarkozy ont fait preuve d'une attitude pour le moins cavalier. S'il est compréhensible que des Africains manifestent une sensibilité extrême pour tout ce qui touche à leur destin, à leur histoire et à leur personnalité, il n'est pas acceptable qu'ils se laissent entraîner dans une entreprise de règlement des comptes franco-français.

Le discours de Dakar était non seulement fondé, mais encore utile. C'est le chef de la France qui parlait, le chef d'une des plus grandes puissances coloniales sinon la principale puissance coloniale, celle qui joue un rôle prépondérant dans plus de la moitié des pays du continent. La nouveauté cette fois, c'est que nous avions en face un jeune président doté d'une fougue et d'une indépendance d'esprit susceptible d'autoriser des innovations. Déjà peu ordinaire dans le paysage politique français par son caractère direct et son audace, le jeune président avait tout pour bousculer l'ordre établi au-delà des suspicions et de toutes les réserves. Ce que les intellectuels africains ont fait relèvent plus de la frustration que de la contribution à faire avancer la cause des peuples du continent. La plus élémentaire des honnêtetés commande que l'analyse d'une communication de cette importance politique, diplomatique, idéologique et même économique, parte des objectifs recherchés par l'auteur. Monsieur Sarkozy n'était pas venu en Afrique pour insulter les Africains comme il a été dit dans certains de ces écrits commis par les critiques. Il y avait dans la passion déployée, l'engagement perceptible et l'énergie des gestes, une profonde volonté de dire la vérité et d'appeler à un sursaut. Le procès d'intention fait à ce jeune président était injustifié et relevait du pur procès d'intention. Les critiques se sont comportés comme si l'auteur du discours de Dakar était *persona non grata* sur le continent avant même d'avoir délivré son message. Qu'est-ce qui peut faire en sorte que dans une communication de plusieurs milliers de mots, une seule phrase d'ailleurs pas si mauvaise que l'on ait pu dire, ait été soustraite de son contexte pour déployer une artillerie lourde ?

Appeler les Africains à prendre leur destin en main est-il un crime ? Soutenir que l'on doit pouvoir tourner la page du passé et regarder vers l'avant est-il un crime ? Ce qui est plus grave, c'est que ce terrorisme intellectuel de quelques néo talibans a presque obstrué l'importance du discours de Dakar et empêché des milliers de jeunes de le lire. Or dans un contexte où peu de personnes lisent vraiment, les détracteurs du discours de Dakar ont réussi ce que l'on peut logiquement qualifier aujourd'hui de publicité mensongère. A force de tapages et de plaintes désobligeantes sur les chaînes des radios et télévisions, ces critiques critiquables ont conduit une véritable guerre par procuration au nom des peuples africains. C'est le pire qui a été mis en vedette et non le bien. L'essentiel, c'était pour quelques intellectuels en perte de vitesse et en panne de propositions face à la décrépitude du continent, de se remettre en scelle, de jouer les vedettes, de remplir le rôle ancien des contestataires anti-colonialistes et anti-impérialistes dignes des héros sans lendemains des amphithéâtres des années 1960.

Ce qu'il faut savoir, c'est que l'élection de Sarkozy à la présidence française est intervenue dans un contexte de déroute totale des socio-démocrates et de l'extrême gauche. La classe intellectuelle de gauche a été proprement traumatisée et de nombreux hommes politiques perdus. On attendait donc le président français de pied ferme sur n'importe quel dossier sensible à partir duquel il était possible de lui régler son compte, de le clouer au mur, de ruiner son crédit international à défaut de l'ébranler auprès des électeurs français qui venaient de l'élire avec une majorité confortable presque rare sous la cinquième république. Dakar a offert l'occasion et il a suffi d'appeler quelques Africains habitués des polémiques. Il suffit d'interroger certaines personnes qui ont critiqué violemment le discours de Dakar pour se rendre compte qu'elles n'ont pas réellement lu entièrement ce texte. Beaucoup de personnes ont simplement convenu qu'un président français ne pouvait pas ou plus rien dire de vrai ou de bon sur l'Afrique, et que de toute façon *les savants africains* ne pouvaient pas se tromper dans leur critique.

Certes, le président français s'est envolé de Dakar pour Libreville où il a embrassé chaleureusement et félicité monsieur Bongo, l'un des pires dictateurs du contient connu officiellement comme le parrain de toutes les mafias franco- africaines. Mais si c'est ce simple fait qui peut avoir alimenté tant de critiques et de montées de colère chez certains, il faut convenir que l'infantilisme a remplacé chez eux la nécessaire intelligence des rapports entre Etats et la compréhension des lois régissant la coopération entre les intérêts des nations. Sarkozy arrivait à Libreville comme le président élu de la France par les Français pour défendre les intérêts de la France. Il était logique qu'il se rende à Libreville, de même qu'il est logique, même s'il pourrait avoir une opinion personnelle contraire, qu'il se rende chez monsieur Bongo.

Sur tout un autre plan, nous estimons que les articulations de la magouille franco-africaine sous tous les régimes de la cinquième république ne correspondent pas aux intérêts réels de la France à long terme, et même que ces mafias travaillent contre le peuple français. Ce raisonnement relève d'une autre vision, d'une autre croyance et d'autres réalismes loin des agencements idéologiques et diplomatiques du moment. Rien n'empêchait les intellectuels critiques du discours de Dakar de mettre le nouveau président au défi de produire des actes et des comportements de rupture sur le terrain.

c) Le contre-pied d'Obama ou la confirmation des grands principes de Dakar

Il faut convenir en toute humilité que le discours de Dakar a connu une renaissance et une légitimation dans le message de Barack Obama devant le parlement ghanéen. Comment pouvait-il en être autrement en réalité ? Quelques jours avant l'arrivée de Barack Obama au Ghana, la presse internationale avait pratiquement livré à l'opinion la substance de son discours, et pour cause, toute personne honnête s'adressant aux Africains aujourd'hui ne peut pas trouver un autre refrain et d'autres mots que ceux utilisés par les deux présidents. La similitude entre les deux discours est patente et déroutante. L'embêtant, c'est qu'en termes de donneurs de leçons, ce que l'on a surtout reproché à Sarkozy, Barack Obama a fait mieux. Certes le ton, la gestuelle et le regard étaient différents, mais deux personnalités aussi différentes et provenant de deux horizons aussi différents peuvent-ils parler de la même façon ?

Après le discours d'Accra, on a même plus entendu les commentaires des critiques de Dakar. L'on aurait voulu lire d'autres ouvrages et suivre d'autres sorties enflammées sur les ondes des médias. Le silence a été parfait, assommant. L'excuse selon laquelle un colonisateur ne pouvait pas jouer les réparateurs des torts et se présenter comme l'ami pour le changement et la prise de conscience, n'est pas cohérente avec ce que l'on pourrait dire dans l'ensemble sur les faits de guerre et d'impérialisme de la grande puissance dont le frère métis est devenu le président. La France a-t-elle commis plus de crimes dans le monde que les Etats-Unis ? Les Etats-Unis seraient-ils une amie éternelle du continent qui ne sait rien de l'assassinat de Patrice Lumumba et des crimes de l'apartheid en Afrique du Sud durant des siècles ?

Une autre observation pertinente relevée d'ailleurs par André Julien Mbem, auteur et directeur de collection aux éditions l'Harmattan, c'est que la limitation des protestations à la sphère des intellectuels francophones était déjà un élément de nature à fragiliser l'initiative des critiques du discours de Dakar. La suite lui a pleinement donné raison, tout comme nous pouvons affirmer comme nous l'avons fait sans risque de nous tromper, que le procès d'intention trouve sa source dans les frustrations compréhensibles d'une gauche intellectuelle et volontiers panafricaniste et *tiers-mondiste* perdue au lendemain de l'accession de Sarkozy au pouvoir en France.

Voici par exemple ce que dit Sarkozy à Dakar : « *Dès que vous regardez bien en face les problèmes de l'Afrique et que vous les prenez à bras-le-corps, alors peut commencer la renaissance africaine. Car le problème de l'Afrique, c'est qu'elle est devenue un mythe que chacun construit pour les besoins de sa cause.* »

Il ne pouvait pas exister meilleure illustration des manipulations dont les critiques de Dakar pourraient constituer une sorte d'épicentre intellectuel. Nous ne sommes pas loin de ce qu'affirme Obama à Accra : « *il est toujours trop facile à des individus sans conscience d'entraîner des communautés entières dans des guerres entre religions et entre tribus.*»

En développant un argumentaire articulé sur la promotion d'une attitude plus responsable et pragmatique, centrée sur des institutions propres, le rejet du dogmatisme, le courage de lutter pour des institutions effectivement démocratiques, Obama a sans aucun doute rappelé qu'il est bon de se plaindre du passé, de l'intégrer dans toute démarche, mais en faire une école d'action et le repère solitaire de la pensée, constitue une hérésie.

Voici ce que dit le président américain : « *Et voici ce que vous devez savoir : le monde sera ce que vous en ferez. Vous avez le pouvoir de responsabiliser vos dirigeants et de bâtir des institutions qui servent le peuple. Vous pouvez servir vos communautés et mettre votre énergie et votre savoir à contribution pour créer de nouvelles richesses ainsi que de nouvelles connexions avec le monde. Vous pouvez conquérir la maladie, mettre fin aux conflits et réaliser le changement à partir de la base. Oui vous le pouvez. Car en ce moment précis, l'histoire est en marche* ».

Voici à peu près la même chose dite par Sarkozy à Dakar : *« Jeunes d'Afrique, vous voulez le développement, vous voulez la croissance, vous voulez la hausse du niveau de vie. Mais le voulez-vous vraiment ? Voulez-vous que cesse l'arbitraire, la corruption, la violence ? Voulez-vous que la propriété soit respectée, que l'argent soit investi au lieu d'être détourné ? Voulez-vous que l'Etat se remette à faire son métier, qu'il soit allégé des bureaucraties qui l'étouffent, qu'il soit libéré du parasitisme, du clientélisme, que son autorité soit restaurée, qu'il domine les féodalités, qu'il domine les corporatismes ? Voulez-vous que partout règne l'Etat de droit qui permet à chacun de savoir raisonnablement ce qu'il peut attendre des autres ? Si vous le voulez, alors la France sera à vos côtés pour l'exiger,* ***mais personne ne le voudra à votre place.***»

Dans la tradition d'analyse des motifs de répression chez les régimes totalitaires, ce genre de déclaration est rangé dans la catégorie des déclarations subversives qui conduisent leurs auteurs à la potence, au goulag. Sarkozy à Dakar appelle en fait les jeunes Africains à faire la révolution par tous les moyens de leur choix et rien d'autre. Pour ce qui le concerne, président de la France, il en tirera les conséquences.

Entre le frère noir célébré et attendu comme le messie, et le chef blanc détesté avant même d'avoir ouvert la bouche, il y a comme une complicité automatique pour rappeler que les grands principes n'ont ni nationalité, ni couleur idéologique, ni sexe, ni religion.

Voici encore ce que dit Obama : « *je ne considère donc pas les peuples d'Afrique comme un monde à part. Je considère l'Afrique comme une partie fondamentale de notre monde interconnecté, comme un partenaire des Etats-Unis en faveur de l'avenir que nous souhaitons pour tous nos enfants. Ce partenariat doit se fonder sur la responsabilité mutuelle et sur le respect mutuel. C'est ce dont je tiens à vous parler aujourd'hui* ».

Voici ce qu'avait dit Sarkozy à Dakar *:* « *ce que veut la France avec l'Afrique, c'est le co-développement partagé. La France veut avec l'Afrique des projets communs, des pôles de compétitivité communs, des universités communes, des laboratoires communs. Ce que la France veut avec l'Afrique, c'est élaborer une stratégie commune dans la mondialisation. Ce que la France veut faire avec l'Afrique, c'est une politique d'immigration négociée ensemble, décidée ensemble pour que la jeunesse africaine puisse être accueillie en France et dans toute l'Europe avec dignité et respect. Ce que la France veut faire avec l'Afrique, c'est une alliance de la jeu-*

nesse française et de la jeunesse africaine pour que le monde de demain soit un monde meilleur ».

Certains analystes ont qualifié le discours de Dakar de fondateur, sans doute par son insistance sur « *renaissance africaine* ». Nous estimons que celui d'Obama à Accra est le discours révélateur d'une dimension insoupçonnée de l'immobilisme et des hypocrisies africaines.

On ne peut pas avoir lu, analysé et compris la profondeur de ces deux communications, sans reposer le problème de la responsabilité de l'Occident dans les problèmes du continent. Nous sommes interpellés comme jamais nous ne l'avons été dans l'histoire récente du monde.

Cinquième partie

La responsabilité de l'Occident en question

A l'instar de certains individus comme nous l'avons montré avec l'exemple de certains malades de Sida, certains peuples et nations ont construit une vie sur des tabous. Si le destin des peuples repose sur une somme de valeurs propres dont ils ont la charge de la promotion positive ou de la destruction, la validation de leur personnalité et de leur identité est alors davantage tributaire de leur capacité à surmonter les mensonges qui les enferment dans l'opacité de la subjectivité.

Le reste du monde n'accourt pas au chevet de l'Afrique parce qu'elle souffrirait d'une maladie extraordinaire. Le monde accourt dorénavant au chevet de l'Afrique parce que le contient a prioritairement besoin d'une véritable pollution mentale. L'interprétation de l'histoire, la compréhension des faits passés, la signification des souffrances et l'expression des rapports de forces anciennes et nouvelles sont restées prisonniers d'une propagande dangereuse et catastrophique. Sans un courage et une ambition entièrement débarrassés de la peur des réprimandes et des agressions des intellectuels adeptes des accusations de traîtrise, nous ne trouverons jamais les chemins de la prospérité, et nous ne lèguerons jamais à nos enfants des instruments sains pour leur progression, pour le développement du continent.

a) L'impossible manipulation perpétuelle de l'alibi de l'esclavage et de la colonisation

Personne ne discute des ravages de l'esclavage qui a dépravé le continent de quelques dizaines de millions de ses sujets. Personne ne discute le fait que ce phénomène a constitué une entorse voire un handicap grave au développement du continent. Nous sommes tous d'accord, Blancs, Noirs, Jaunes et Rouges, que la colonisation fut une étape douloureuse pour toute l'humanité. Mais le discours qui voudrait que pour ces drames historiques, l'Occident soit responsable du retard cruel du continent est devenu inconsistant. Notre thèse centrale repose d'abord sur la responsabilité des Africains eux-mêmes, sur leur cupidité et sur leur faiblesse. Une réflexion objective et honnête renverrait en effet la traite des Noirs au rang des crimes commis par les chefs africains eux-mêmes. Les preuves qui montrent que les premiers contacts entre l'Europe et l'Afrique ne furent pas violents sont nombreuses. C'est la gestion logique des rapports marchands entre les rois nègres et les visiteurs européens qui ont produit l'esclavage et la traite. Dans cette relation conséquente, il y a eu des accords, des arrangements auxquels ont librement consenti les rois nègres pour vendre leurs sujets comme de vulgaires marchandises en échange d'autres produits.

Pourquoi voudrait-on faire culpabiliser des Européens qui ont négocié de bonne foi avec des Africains ? La première faute et sans doute l'unique responsabilité est celle des chefs nègres. Ce sont eux qui ont déconsidéré et violé la dignité de l'homme noir. Même en supposant que la violence soit intervenue lors de la colonisation, il faut pouvoir prouver aujourd'hui que ceux qui représentaient et géraient alors les sociétés africaines, avaient bâti des sociétés prospères bien protégées contre les agressions extérieures. La conclusion est pathétique et humiliante : le Blanc a tout simplement été plus rusé et mieux préparé que le Noir. Que des résistances aient vu le jour et que des armées de nègres se soient battues avec des sagaies et des flèches artisanales contre des Blancs équipés d'armes à feu, ne montre pas que l'Afrique se situait alors à la hauteur de l'Europe.

Acceptons que les quelques cinquante millions de sujets qui ont été emmenés comme esclaves vers des champs de coton et de canne à sucre d'Amérique et des Antilles représentaient une force de travail consistante, mais sans l'esclavage, qu'en serait-il advenu de la croissance et du processus de développement du continent ? Aurions-nous construit la bombe atomique, mis à jour des inventions, créer les conditions d'existence d'Etat modernes avec des citoyens respectés et nantis de droits ?

Je n'ai toujours pas eu la preuve de l'existence des usines, des laboratoires, des chantiers de construction et de fabrication avancés sur le continent, au moment où les premiers explorateurs mettent le pied à terre sur nos côtes. Si l'on veut absolument tenir l'Occident pour responsable, que l'on nous apporte la preuve de tout ce qui se faisait de très bien et de très avancé, et qui a été compromis, interrompu, détruit à cause de l'esclavage et de la colonisation.

A ce propos, nous souscrivons pleinement à cette déclaration de Sarkozy : « *le problème de l'Afrique, ce n'est pas de s'inventer un passé plus ou moins mythique pour s'aider à supporter le présent mais de s'inventer un avenir avec des moyens qui lui sont propres. Le problème de l'Afrique, c'est de cesser de toujours ressasser, de se libérer du mythe de l'éternel retour, c'est de prendre conscience que* ***l'âge d'or qu'elle ne cesse de regretter, ne reviendra pas pour la raison qu'il n'a jamais existé*** ».

Et tout cela n'est que vérité. La sécurité sociale pour tous, l'école gratuite pour tous, des politiques sociales avancées, des usines crachant mille flammes et gaz par leurs hauts fourneaux, des chaînes de montage de machines, des chantiers navals livrant de grands bateaux, des boutiques achalandées, des ponts impressionnants, des maisons de la culture, des théâtres et des lieux de recréation ouverts à tous, n'existaient pas avant l'arrivée des Européens et n'ont jamais existé. Des siècles après, des indépendances après, des souverainetés et des libérations après, ils n'existent pas toujours et rien n'indique qu'ils existeront au sens fonctionnel, démocratique et participatif du terme.

Si c'est du nombre de morts ou du nombre d'esclaves, l'on pourrait rappeler aux Africains qu'au sortir de la dernière grande guerre de 1939-1945, l'Europe était presque entièrement détruite. En 1945 il n'existait presque plus d'usine digne de ce nom en Europe, et aucune entreprise qui ne fut mise à mal par la guerre. Ponts, routes, usines, bâtiments étaient tous en ruine. L'histoire de la Russie, de l'Allemagne et du Japon est significative sur l'état des lieux au sortir de la guerre de 1939-1945. Cette guerre a fait plus de victimes et de dégâts en cinq ans que des siècles d'esclavage, de traite et de colonisation.

L'Europe a été entièrement reconstruite et assume son développement. L'argument de la colonisation ne tient sûrement plus la vedette non plus, si l'on se réfère à ce que les Africains ont fait et continuent de faire de leurs libertés, de leurs intelligences et de leurs génies. Qui discuterait aujourd'hui l'assertion selon laquelle, les Africains ont mieux détruit leur âme et leurs forces que plusieurs siècles d'esclavage et plusieurs décennies de colonisation ? L'esclavage aurait donc fait entre trente et cinquante millions de victimes, mais à combien situerait-on le nombre de victimes depuis la fin de la colonisation ? De la période qui va des indépendances formelles de 1960 à l'arrivée au pouvoir de Nicolas Sarkozy en France, quelle aura été la contribution des Africains à leur propre destruction ou à leur propre développement ?

On ne peut pas reprocher à l'Occident les conséquences des rapports marchands entre les peuples et les nations. Il faudrait mettre fin à cette propagande de fainéants qui fonde la faiblesse, l'obscurantisme, l'arriération et l'incapacité de l'Afrique sur la bravoure, le génie et la ruse des peuples d'Occident. L'Europe s'est conduite comme l'exigeait la morale des affaires et les objectifs des missions d'exploration d'une époque. L'Afrique était libre d'engager à son tour des missions d'exploration vers les côtes européennes pour éventuellement dominer et conquérir les peuples européens, mais elle n'en n'avait ni les moyens, ni la volonté, ni le niveau. Elle était à sa façon, en retard et exposée plutôt à la domination.

Nous tenons donc pour acquis qu'il ne peut pas être reproché à l'Europe d'avoir détruit des usines et des laboratoires sur le continent africain. Les usines et les laboratoires n'existaient pas et l'Afrique n'était pas à l'avant-garde de la révolution industrielle. L'Europe y a plutôt apporté beaucoup de sa science et des fruits de ses inventions et découvertes. L'Europe a investi l'Afrique et l'a ouverte au monde et aux choses qu'elle ignorait, qu'elle ne voyait pas et qu'elle ne percevait pas. Les rapports de forces ayant été naturellement défavorables aux Africains, ils ont subi la domination, l'oppression, la ruse et la cupidité des conquérants, se retrouvant avec le statut de simples comptoirs coloniaux qu'une conférence, celle de Berlin, allait partager comme des champs de céréale sans tenir compte des habitants. Il faut que cette vérité élémentaire soit prononcée par un Africain à haute voix, afin de l'intégrer définitivement dans notre démarche.

Les déclarations de Sarkozy, même si elles ne traduisent pas les conseils et les recommandations en termes aussi crus, le font sous-entendre clairement. Il est d'ailleurs assez significatif de constater que les rapports entre les Africains du continent et les Afro-Américains connaissent très souvent des conflits à cause de cette interprétation de leur histoire commune. Aux Etats-Unis la plupart de descendants d'esclaves estiment que leurs ancêtres furent vendus comme des moutons aux Blancs et continuent de tenir chaque Africain du continent pour responsable de leur sort.

Il importe également de rappeler, comme l'a fait de façon claire Obama à Accra, que d'autres peuples ont connu des situations d'occupation, d'extermination, de colonisation et de conquête, mais qu'ils ont produit par la suite des sociétés modernes et des démocraties où les citoyens vivent mieux. Si donc nous tenons à faire porter la responsabilité de la situation de l'Afrique à l'Occident, que dirions-nous de l'exemple du Zimbabwe ? Nous sommes ici en face d'un contre exemple parfait qui met en exergue le peu de considération que nos sociétés et nos rois ont en effet accordée aux droits fondamentaux des gens et au bien-être des citoyens, préférant plutôt d'entretenir une féodalité cruelle vouée à la destruction de l'essentiel des valeurs humaines.

Si la colonisation fait si grandement problème, quels moyens et quelles stratégies a-t-on conçu et mis en œuvre depuis les indépendances formelles de 1960 pour s'en sortir ? Combien d'intellectuels pétitionnaires contre le discours de Dakar ont-ils initié une lutte armée pour briser le règne des potentats néocoloniaux qui écument le continent et dont ils accusent implicitement Nicolas Sarkozy d'être le parrain ? Le bilan d'Haïti, la première république noire devrait nous imposer la rigueur de la modestie et nous conduire justement à des révisions déchirantes. Un Noir, homme de père noir, est devenu président des Etats-Unis et c'est très bien. Mais ce n'est qu'un individu et un seul, un qui cache l'ampleur de l'échec retentissant et insoutenable de la communauté afro-américaine qui se présente maintenant comme la minorité la plus paresseuse, la moins productive et la moins intégrée des Etats-Unis. Le sort des Afro-Américains est une préoccupation qui renforce cette exigence de réflexion et de révolution que nous appelons fermement. Toutes les accusations et procès de racisme devraient être rangés dans les placards avant que l'on ne passe à l'inventaire de ce que certains veulent présenter comme la contribution des races et des continents au développement de l'humanité. Ce faux débat est une fois de plus un piège. Il faut en sortir et proscrire pour toujours ce recours à une comptabilité qui non seulement n'a aucun sens, mais qui tournerait à la dérision le concept d'universalité. Le bilan des peuples et des nations n'a ni besoin d'inventaire physique et numérique à la manière de l'inventaire des stocks dans un magasin de commerce, ni de lecture des notes comme on le ferait sur le bulletin de notes annuel d'un élève. Le bilan des peuples et des nations s'établit en qualité et en solidité des institutions, en participation des citoyens, en alternance démocratique, en élections libres et transparentes, en niveau de vie, en confiance des citoyens et des étrangers dans les dirigeants.

Si l'Afrique ne peut pas présenter un bilan éloquent sur ce tableau, alors elle devrait s'en prendre à elle-même, elle devrait se poser des questions. L'Occident n'y est plus pour rien et n'y a même vraisemblablement jamais été pour rien. L'Occident a depuis longtemps donné sa chance à l'Afrique d'émerger et de se développer, après lui avoir tenu la main pour ouvrir les portes du monde et fréquenter les chemins d'aventure de la coexistence entre les nations et les peuples. L'Asie a été autant en contact avec l'Occident et a connu également des douleurs et des plaies, mais cette Asie là n'en est plus à se plaindre. Cette Asie dont l'Afrique contemple avec étonnement, ferveur et parfois mélancolie les prouesses et les produits, se situe déjà de l'autre côté de la rive. L'Asie est ainsi partie, parce que ses intellectuels ne se sont pas contentés d'accuser et de faire des révolutions avec leurs plumes assis dans des fauteuils cossus ou enfermés dans les toges d'académiciens.

Sur notre apport au monde, personne ne conteste notre contribution. Bien au contraire, si messieurs Sarkozy et Obama sont considérés comme des chefs de l'Occident, il faut saluer l'honnêteté proche de la flatterie qu'ils manifestent à notre égard.

Voici ce que dit Sarkozy à Dakar : « *Je veux vous dire, jeunes d'Afrique, que le drame de l'Afrique n'est pas dans une prétendue infériorité de son art, de sa pensée, de sa culture. Car, pour ce qui est de l'art, de la pensée et de la culture, c'est l'Occident qui s'est mis à l'école de l'Afrique.*»

« *L'art moderne doit presque tout à l'Afrique. L'influence de l'Afrique a contribué à changer non seulement l'idée de la beauté, non seulement le sens du rythme, de la musique, de la danse, mais même dit Senghor, la manière de marcher ou de rire du monde du XXe siècle.*»

Voici ce qu'affirme Obama à Accra : « *L'Afrique ne correspond pas à la caricature grossière d'un continent perpétuellement en guerre.*»

Vraies ou fausses, ces affirmations en appellent d'autres, cette fois embarrassantes pour les intellectuels africains qui ont peur d'entendre la vérité. Nous disons que les rapports internationaux ne correspondent pas à la caricature grossière que les opposants au discours de Dakar veulent lui donner, et par ailleurs que les rapports historiques entre l'Occident et l'Afrique ne correspondent pas à la caricature grossière qu'un certain militantisme des extrêmes l'affuble aujourd'hui au point de vouloir tenir cet Occident pour responsable de tous les problèmes du continent.

Si mon ami de circonstance, le chauffeur de taxi cambodgien dont j'ai parlé au début de cette réflexion ne souscrit pas à la thèse de la responsabilité de quelqu'un d'autre dans ses malheurs éventuels, ce n'est pas à l'homme de la rue en France, aux Etats-Unis, au Canada, en Grande Bretagne ou au Portugal, que nous irons faire admettre la responsabilité coupable de l'Occident. La première question que l'on nous posera à la première salve d'accusations sera : « *mais monsieur, vous dites que nous sommes venus tout voler chez vous, que nous avons exploité, colonisé, pillé, opprimé. Mais dans quel-*

les circonstances exactes ces faits se sont-ils produits ? Pourquoi ne vous êtes vous pas défendu ? Vous feriez mieux d'aller gérer votre Sida, votre paludisme, vos guerres civiles et vos sorcelleries. Nous avons eu des relations de diverses formes et il appartenait à chacun de prendre ses dispositions pour en tirer le meilleur bénéfice. Et puis, voulez-vous dire que c'est toujours pour ce passé que vous êtes si pauvres et si méchants entre vous et si mal gouvernés avec des constitutions qui changent au gré de quelques politiciens voyous » ?

b) Demande de réparations : entre réalisme et utopie

A l'aéroport de Bruxelles, je décide de prendre une tasse de café en attendant l'heure de départ de mon vol. Dans la petite salle où je me suis introduit, deux Africains qui ont l'air d'échanger avec un peu de passion, puisque les bras s'agitent, attirent mon attention. Je prends place à la table juste à côté pour savoir de quoi ils discutent si chaudement. C'est vite fait : les deux s'étripent sur la question des réparations à demander à l'Occident pour l'esclavage. Les arguments vont dans tous les sens. L'un suggère que l'Union Africaine s'occupe de cette affaire sérieusement en créant un comité d'honneur pour mener cette opération, et si cette organisation ne peut pas le faire, qu'elle disparaisse tout court. Le second est plus pragmatique en demandant en quoi consisteront les réparations, comment elles seront calculées, et qui va gérer le pactole. La réponse de son vis-à-vis ne tarde pas : les Blancs doivent construire des autoroutes reliant tous les Etats africains entre eux, construire des universités, des hôpitaux de référence, et distribuer mille bourses d'études par an pendant cinquante ans à des jeunes Africains qui seront sélectionnés selon des critères à définir.

Après les avoir écoutés pendant un bon quart d'heure, compris de quoi il est donc question, et surtout maîtrisé les arguments des deux amis, je décide d'intervenir dans la discussion.

Bonjour chers frères. Je suis très intéressé par votre discussion et je trouve vos arguments merveilleux. Les présentations m'ont permis d'établir que l'un est titulaire d'une maîtrise de science politique et se travaille comme agent de sécurité à Genève, pendant que l'autre est titulaire d'un DEA de physique et s'est reconverti comme infirmier. Les deux ont entre 40 et 50 ans et portent tous de longs cheveux tressés de rasta pas vraiment attrayants.

Sur l'origine de la discussion, j'apprends que lors de l'achat des titres de transport, une brève altercation a eu lieu entre les deux Africains et la caissière. Apparemment l'un des Africains désirait changer son billet, mais la dame exigeait la carte de crédit qui avait servi à l'achat. Or ladite carte n'était pas disponible à l'instant. Conséquence, la dame a dû exiger des vérifications qui ont pris une bonne demi heure, ce que les Africains n'ont pas supporté. La jeune dame aurait déclaré : « *monsieur, vous me laissez travailler et vous me laissez le temps de vérifier. Nous voyons ce genre de cas tous les jours et très souvent, ce n'est pas toujours exact* ».

C'est cette déclaration qui a enflammé mes deux frères et les a conduits tout de suite à se lancer dans le débat sur « *ces Blancs qui après nous avoir fait esclaves, colonisé et tout, continuent de nous prendre pour des voleurs, des moutons, alors même qu'ils ont commis des crimes pour lesquels nous sommes en droit d'exiger des réparations* ».

En réalité, cette scène peut se répéter des centaines de milliers de fois par an en Europe et ailleurs dans le monde.

Au-delà de l'incident, du caractère ponctuel d'une discussion, d'un échange, d'une réflexion, le débat existe depuis un certain temps au sein des communautés africaines partout dans le monde. A la faveur de la création de la Cour pénale internationale et de la popularisation de la notion de crime contre l'humanité, la problématique des réparations au titre des actes d'esclavage et de la traite des Noirs a gagné en ampleur. Les Africains soutiennent de plus en plus que la communauté internationale ou ce qui en tient lieu, à travers l'ONU et les autres institutions de coopération multilatérale, devrait se pencher sur la question. Les passions entretenues autour du débat qui en découle, ne manquent pas de prendre appui sur les réparations obtenues par le peuple juif des différents pays européens, particulièrement de l'Allemagne pour l'holocauste, les chambres à gaz, les pogroms.

Par ailleurs, dans un passé plus récent, l'Italie a accepté de verser des réparations consistantes évaluées à plusieurs milliards d'euros à la Libye, au titre des souffrances causées sous la colonisation.

Tous ces exemples fondent la démarche de certains intellectuels africains qui n'hésitent plus à croire que le sujet devrait être porté sur tous les terrains diplomatiques aussi bien par les Etats que par la société civile.

Le pragmatisme commande dorénavant que l'on entre en profondeur dans ce débat pour vérifier la solidité des arguments et la justesse des revendications. L'honnêteté commande ensuite que l'on ne se trompe pas, que l'on ne confonde pas ce qui relève d'un simple discours intellectuel de circonstance bâti sur des frustrations mal gérées, et des actions légales que des Africains par le truchement des Etats ou des organisations internationales, pourraient initier de façon diplomatique.

La question qui se pose au préalable, c'est celle des fondements juridiques. Quelles bases légales donnerait-on à une demande de réparation ? A ce propos, il n'y a aucune difficulté à démontrer que l'esclavage est un crime contre l'humanité au même titre que le génocide. Une foule d'instruments internationaux de type multilatéral confirme ce constat. Sur les voies d'action, le développement du droit international offre aujourd'hui plusieurs variantes qui vont des recours internes aux recours internationaux. En somme l'introduction de l'instance peut valablement prendre corps directement sur le plan international qu'indirectement sur le plan national.

Sur la recevabilité de l'action, il convient de déterminer à quel titre et qualité, l'action sera engagée. S'agit-il d'un individu, d'un groupe d'individus, d'une association, d'un Etat, d'un groupe d'Etats, d'une organisation internationale ? Quelle sera la préférence pour un meilleur résultat ?

A ce propos, il importe de souligner que l'évolution du droit international en matière de répression des crimes contre l'humanité, offre la latitude de résoudre le problème par la justice. Il ne s'agit pas seulement de l'application de la compétence universelle plus connue par le grand public depuis un certain temps, il s'agit en réalité d'une faculté découlant de l'interprétation objective voire extensive des dispositions de l'article 53 de la convention de Vienne de 1969 relative au droit des traités. Le législateur international avait cru à travers cet article, introduire de façon indirecte, la notion d'ordre public, d'ordre moral international. C'est le principe selon lequel tout traité international qui entrerait en conflit avec « *le jus cogens* », valeur morale, serait nul et de nul effet. En somme, les activités de commerce d'esclaves, de traite des Noirs et autres entreprises de dépravation de la dignité humaine à l'instar de la prostitution, le trafic des stupéfiants, le travail des enfants, l'enrôlement des enfants soldats, ne peuvent faire l'objet d'un traité international. Le dossier se complique dès lors que l'on y ajoute la colonisation. La colonisation fut-elle un crime contre l'humanité ?

Les réponses divergent et ramènent au devant de la scène, les arguments développés à propos de la responsabilité.

Ecoutons Sarkozy à Dakar : « *la colonisation fut une grande faute qui détruisit chez le colonisé l'estime de soi et fit naître dans son cœur cette haine de soi qui débouche toujours sur la haine des autres* »...

« *Il y avait parmi eux des hommes mauvais mais il y avait aussi des hommes de bonne volonté, des hommes qui croyaient remplir une mission civilisatrice, des hommes qui croyaient faire le bien. Ils se trompaient mais étaient sincères. Ils croyaient donner la liberté, ils créaient l'aliénation. Ils croyaient briser les chaînes de l'obscurantisme, de la superstition, de la servitude. Ils forgeaient des chaînes bien plus lourdes, ils imposaient une servitude plus pesante, car c'étaient des esprits, c'étaient les âmes qui étaient asservies. Ils croyaient donner l'amour sans voir qu'ils semaient la révolte et la haine* »...

« *La colonisation n'est pas responsable de toutes les difficultés de l'Afrique. Elle n'est pas responsable des guerres sanglantes que se font les Africains entre eux. Elle n'est pas responsable des génocides. Elle n'est pas responsable des dictateurs. Elle n'est pas responsable du fanatisme. Elle n'est pas responsable de la corruption, de la prévarication. Elle n'est pas responsable des gaspillages et de la pollution* »...

Voici ce que dit Obama à ce propos à Accra, et dans le style cristallisé d'absolution historique qui donne le ton d'une défense politique, idéologique, diplomatique et judiciaire : « *l'Occident a souvent traité avec l'Afrique avec condescendance, à la quête de ressources plutôt qu'en partenaire. Cependant, l'Occident n'est pas responsable de la destruction de l'économie zimbabwéenne au cours des dix dernières années, ni des guerres où des enfants sont enrôlés comme soldats. Durant la vie de mon père, ce sont en partie le tribalis-*

me et le népotisme dans un Kenya indépendant qui, pendant longtemps, ont fait dérailler sa carrière, et nous savons que cette forme de corruption est toujours un fait quotidien de la vie d'un trop grand nombre de personnes »...

Cette déclaration répond en effet à plusieurs questions en même temps et rabroue durement ceux qui se faisaient encore des idées vagues voire imprécises sur le nouveau président américain par rapport à l'Afrique. Tous les déshérités et désespérés africains croulant sous des dictatures obscurantistes qui, aux lendemains de l'élection de Barack Obama, avaient oublié qu'il s'agit du président de la première puissance occidentale et non leur faire-valoir comme un arbre qui cacherait la forêt, trouvent ici une fin de non recevoir.

Les réponses provenant des deux présidents concourent à une autre démonstration, celle d'une parfaite homogénéité de démarche, de jugement et de conclusion sur le jugement à porter sur les attentes, les demandes et les réclamations éventuelles des Africains.

Les deux Africains de la gare de Bruxelles ont une autre réponse encore plus cinglante. Il faudra se préoccuper d'autres choses plutôt que de s'embrouiller dans des demandes de réparations qui de toute évidence, n'aboutiront à rien de probant, tant les arguments d'en face sont troublants et humiliants. De la colonisation et de l'esclavage, l'on convient certes que des dérapages ont eu lieu, mais sur l'ensemble des articulations et de la substance des rapports induits, il n'y a pas lieu de culpabiliser l'Occident et encore moins de se présenter en victimes ayant droit à quelques compensations.

Comme le disait quelqu'un au cours d'un autre débat sur le même sujet, il suffirait de présenter l'idée de réparations aux Afro-Américains, à tous les descendants d'esclaves des Caraïbes et des Antilles, pour déclencher une violente colère contre les auteurs. Les Européens soutiennent déjà qu'il s'était agi de relations commerciales mettant en œuvre des échanges de marchandises contre des bras solides pour aller travailler partout où la société capitaliste naissante avait besoin de main d'œuvre. Comment ceux-là même qui ont jeté leurs frères et sœurs en pâture à des étrangers pour quelques produits des Blancs ou pour quelques calicots, se prennent sans honte ni embarras pour des gens subitement sains méritant des réparations ?

A tous ceux qui soulèveront la question des réparations, les réponses opposables à leurs démarches pourraient toujours se traduire par un renvoi à l'actualité des régimes et de systèmes politiques actuels du continent. L'Afrique d'aujourd'hui est-elle plus soucieuse de dignité, de respect, et des valeurs humaines que l'Afrique qui a vendu ses braves enfants comme esclaves ? Nous avons disserté tantôt sur la morale et l'ordre public international constitutifs d'un code de conduite dont la violation, rend automatiquement nul et de nul effet tout arrangement entre les Etats. Ce qui est en cause, c'est à la fois le contenu de cette morale et l'appréciation du statut des acteurs du droit international éligible pour diligenter une plainte devant les instances judiciaires appropriées.

Sur le premier aspect de la question, la fin — même si ce n'est pas tout à fait cela de la guerre froide et la relative unification idéologique du monde par le commerce et les échanges technologiques massives — a permis l'émergence d'un consensus minimum sur la validité et la valeur juridique de certaines normes du droit international. Malgré tout, des différences d'appréciation continuent d'exister mais sans que l'évolution positive amorcée vers la fin des années 1980 avec les mutations intervenues à l'Est, soit remise en cause. La principale répercussion sur notre sujet, c'est la situation des représentants du continent, en somme ceux qui sont sensés parler, témoigner, agir au nom de l'Afrique. De quelle autorité morale pourraient-ils valablement se prévaloir, au regard de leur réputation de dictatures, d'autocraties dont certains sont ouvertement reconnus coupables de génocide ?

Le débat risque de s'enliser et prendre alors une orientation bien plus embarrassante pour les Africains que pour l'Occident ? Combien les gouvernants africains ont-ils exterminé explicitement ou implicitement de personnes, d'enfants, d'handicapés de tous les âges et de toutes les conditions depuis leur relative indépendance ? La conditionnalité des mains propres — *clean hands* — utilisée dans l'exercice de la protection diplomatique en droit international pourrait bien bloquer d'éventuels éméchés en route vers des procédures en demande de réparations des crimes de l'esclavage et du colonialisme. N'y a-t-il pas mieux à faire dans vos pays respectifs pour résoudre les problèmes qui se posent en s'organisant pour chasser les dictateurs qui ont rendu les populations sans droits, sans bonheur et sans espoir ? A ce propos les mots, les expressions et les phrases d'Obama sonnent comme des recommandations face auxquelles, toute autre attitude, toute autre initiative, toute autre proclamation ou exigence apparaît comme une inexcusable fuite en avant :

« *Vous pouvez conquérir la maladie, mettre fin aux conflits et réaliser le changement à partir de la base* »...

« *Ce ne sera pas facile, cela exigera du temps et des efforts. Il y aura des souffrances et des revers* »...

« *Le progrès ne viendra de nulle part ailleurs, il doit découler des décisions que vous prendrez, des actions que vous engagerez et de l'espoir que vous porterez dans votre cœur* »...

« *Personne ne veut vivre dans une société où la règle de droit cède la place à la loi du plus fort et à la corruption. Ce n'est pas la démocratie, c'est la tyrannie, même si de temps en temps on y sème une élection çà et là, et il est temps que ce style de gouvernement disparaisse* »...

« *Alors ne vous y trompez pas : l'histoire est du côté de ces courageux Africains et non dans le camp de ceux qui se servent de coups d'Etat ou qui modifient les constitutions pour rester au pouvoir. L'Afrique n'a pas besoin d'hommes forts, mais de fortes institutions* »...

C'est tout un programme de travail, un hymne à la révolution immédiate et une invitation au complot positif, à l'aventure salutaire des esprits créatifs pour changer l'Afrique et non s'embrouiller dans des exigences de vengeance sur l'histoire déjà accomplie et plantée. Les universitaires de la contestation du discours de Dakar, génies créateurs qui en un temps record ont pu produire des livres polémiques contre monsieur Sarkozy sont invités implicitement à produire des livres pour augmenter la production agricole, mais aussi des manuels de stratégie pour organiser la lutte en vue du renversement des dictatures. Lorsqu'Obama déclare que le temps est venu de faire disparaître un certain type de gouvernement, il est clair que c'est l'appel aux armes. On a assez vu les plumes à l'œuvre et lu de nombreux livres, des romans, de très bonnes nouvelles éditées en milliers d'exemplaires et traduites en plusieurs langues. Le combat a changé de sens et c'est à l'exemple du sacrifice au bout de la lutte que jaillira le changement, le sauvetage et la transformation de l'Afrique.

Si plusieurs siècles après la fin de l'esclavage, si plusieurs décennies après la fin formelle de la colonisation, les Africains n'ont pas pu assumer correctement leur destin ni construire une société d'espoir pour leurs enfants, ce n'est pas en recevant des centaines de milliards au titre de contestables réparations qu'ils le feront.

En fait à l'analyse des propos de Nicolas Sarkozy et de Barack Obama, l'on est obligé de tirer plutôt une autre leçon, celle d’une autre interrogation qui jusqu’ici tarde à se transformer en débat de fond, parce que emportant encore plus de drames, et parce que soutenant d’autres responsabilités gênantes.

Sixième partie

Responsabilités anciennes et responsabilités contemporaines

a) De l'esclavage forcé à l'esclavage volontaire

La cause de l'Afrique entendue sous l'angle d'une quête effrénée de la justice peut être défendable, tout comme pourrait l'être la demande de réparations pour des préjudices passées, des réparations qui, bien que discutables, seraient ramenées à une exigence morale de partage des richesses de la planète, le tout au nom, crieront certains, de l'obligation d'assister des peuples voire un continent en danger. Ce qui coince cependant, c'est qu'alors que l'on se focalise sur des réparations des préjudices passés, d'autres préjudices nécessitant d'autres réparations seraient en cours, donnant finalement le sentiment que le mal ne serait plus simplement un accident de l'histoire ou un passage maladroit à un moment des rapports entre les nations et les continents, mais une malédiction, une tare chronique, génétique même. C'est un Noir d'Afrique qui s'exprime ici, s'interroge et invite à la réflexion. C'est un universitaire meurtri, abattu, soucieux de comprendre, de se renseigner, et appelant au rassemblement des intelligences dans un ultime sursaut de survie.

La France et les Etats-Unis ne sont pas que deux pays, deux nations, deux entités géopolitiques sur la carte de la planète. La France et les Etats-Unis sont deux immenses et prestigieuses puissances diplomatiques, culturelles, scientifiques et politiques dont l'influence conditionne et détermine la marche du monde, l'équilibre des intelligences, la sérénité de la créativité. Lorsque s'expriment leurs chefs suprêmes sur un sujet, et en ayant pris tant de peine pour le faire avec une solennité exceptionnelle, c'est qu'ils annoncent une révolution, une mutation importante des rapports mondiaux. Il y a donc urgence.

Dans cette entreprise qui concerne l'Afrique, le cas des réparations, présentées surtout par des Africains depuis l'Occident, s'achemine vers une énième frustration.

Les deux grands chefs se sont exprimés presque sans diplomatie, débitant des vérités, des fautes, des défaillances, des tares qui minent l'Afrique, mais prodiguant aussi des conseils et des recommandations, et émettant des souhaits pour quelques orientations.

Ces dernières années, le problème de l'immigration a catalysé les énergies, ramenant au premier plan la question des diasporas, la fuite des cerveaux, le drame insoutenable des milliers de jeunes désœuvrés qui tantôt finissent dans la gueule de quelques requins dans la mer, et tantôt échouent fatigués et déprimés sur les rivages d'Europe avant de commencer le chemin de croix entre les centres de détention, la misère des rues et la mort dans l'indifférence. Le débat suit son cours, laissant des plaies ouvertes, exposant l'irresponsabilité des uns, l'insouciance des autres et la colère inconsolable de la majorité. En Occident, l'on ne parle plus que des politiques à suivre pour arrêter la gangrène qui prend la couleur des faces noires venues d'Afrique, et que les responsables locaux, élus et représentants du pouvoir central, sont invités à circonscrire par tous les moyens. En France et en Italie, des quotas d'expulsion ont été fixés et il en sera tenu compte pour la promotion des responsables. L'on n'est plus loin de la guerre déclarée à une pandémie, pandémie que nous sérions, après avoir été hier des bras utilisés dans les champs puis les usines, pour faire tourner l'économie capitaliste et contribuer à la réussite de la société de consommation.

Mais à qui donc la faute, et à qui devra-t-on demander des réparations pour ce nouvel esclavage voulu, un esclavage volontaire à un moment où il n'est plus tant souhaité et aimé, ni accepté.

Que dit Sarkozy ?

« *Je sais l'envie de partir qu'éprouvent un si grand nombre d'entre vous confrontés aux difficultés de l'Afrique. Je sais la tentation de l'exil qui pousse tant de jeunes Africains à aller chercher ailleurs ce qu'ils ne trouvent pas ici pour faire vivre leur famille* »...

« *Elle doit pouvoir acquérir, hors d'Afrique la compétence et le savoir qu'elle ne trouve pas chez elle. Mais elle doit aussi à la terre africaine de mettre à son service les talents qu'elle aura développés. Il faut revenir bâtir l'Afrique ; il faut lui apporter le savoir, la compétence et le dynamisme de ses cadres. Il faut mettre un terme au pillage des élites africaines dont l'Afrique a besoin pour se développer* ».

Mais voici la position d'Obama :

« *Avec une meilleure gouvernance, je ne doute pas que l'Afrique tiendra sa promesse de créer une plus vaste base pour la prospérité. Témoin en est le succès extraordinaire d'Africains dans mon propre pays d'Amérique. Ils se portent très bien. Ils ont donc le talent et ils possèdent l'esprit d'entreprise. La question est de savoir comment s'assurer qu'ils réussissent aussi dans leur propre pays d'origine* ».

Nous sommes, avec ces deux déclarations, face à deux thèses, deux paramètres, deux variantes si l'on veut, mais qui nous situent dans la même préoccupation. C'est une préoccupation axée sur le bien-fondé de l'immigration, son utilité, mais encore plus sur la contribution de la diaspora au développement du continent. Si Sarkozy énonce le principe, quelques mécanismes et des conséquences, Obama se projette sur le terrain plus complexe de la responsabilité des gouvernants car ce qui est devenu depuis un problème crucial, c'est le contexte du retour, les conditions du retour et le cadre d'accueil de ceux qui décident de rentrer en Afrique. Qui est responsable en premier ressort et en dernier ressort de l'immense gâchis des ingénieurs, des docteurs, des professeurs et des spécialistes de toutes les compétences perdues dans le monde ? A qui la faute pour ce que Sarkozy dénonce comme une exploitation des cerveaux africains ?

Ce qui est aujourd'hui commun à la majorité des pays d'Afrique, c'est de disposer plus de médecins, d'ingénieurs et de professeurs dans les pays étrangers que sur place. En dépit de ce constat que personne ne songe plus à contester, que font donc les Etats africains concrètement ? Quelles politiques et avec quelles stratégies sont-elles en cours au Sénégal, au Cameroun, au Kenya, au Congo ? C'est la faute de qui, si après des études de mathématiques ou de sciences politiques, ils sont gardiens devant des magasins, garçons de salle dans les hôpitaux, femmes de compagnie dans les mouroirs de vieillards en Occident ? Devrait-on parler d'un esclavage voulu et soutenu, encouragé et entretenu ? Devrait-on parler d'un esclavage de convenance ou de procuration ? Il y a cinq cents ans, nos ancêtres étaient obligés, forcés d'abandonner leur foyer naturel et leurs totems pour aller travailler dans les champs de coton et servir de marchandises sur les marchés des nègres vendus à Nantes, Liverpool, Anvers et New York. Aujourd'hui nous sommes encore sur la route de l'exil, vers un autre esclavage plus convenable peut-être, mais cette fois sans arguments pour accuser les maîtres d'hier.

Qui est donc responsable de ces épouses qui abandonnent mari et enfants pour rejoindre les maisons closes de Suisse, les auberges infectes de Pigalle à Paris, les salles de confection des films porno de Londres et Munich ? Qui payera la lourde facture qui se traduit en perte de substance et de dignité pour l'Afrique ? A qui demanderons-nous des réparations ?

La sortie de Barack Obama sur cette question est importante, dans la mesure où contrairement à une idée par trop répandue, la diaspora africaine est majoritairement soucieuse de retourner travailler et développer l'Afrique. Ces docteurs, ces ingénieurs, ces cadres de tous les niveaux éparpillés à travers l'Amérique et l'Europe, et de plus en plus en Asie, vivent souvent un calvaire. Lorsque ce calvaire n'est pas matériel, il est tout simplement psychologique. C'est justement le plus dur. C'est aussi pourquoi il convient de relativiser le discours du président lorsqu'il affirme « *qu'ils se portent très bien* ».

La réalité est plus difficile à exprimer dans certains cas. Certains cadres africains mènent une double vie, affichent un double visage et cultivent des sentiments très différents selon qu'ils sont chez eux, sur le lieu de travail ou en compagnie d'autres Africains. Il est très rare de rencontrer des cadres africains même les mieux intégrés, les plus compétents et appréciés sur place, qui soient entièrement satisfaits de leur sort. Les images terribles d'un continent en perpétuel danger, en permanence présenté dans l'actualité comme la terre des pandémies, des misères, des souffrances et des guerres civiles, ne les arrangent point. Ce qui fait problème, c'est l'impossibilité d'être assuré d'un minimum de bonnes conditions et d'incitations lorsque l'on rentre au pays. Il doit être reconnu qu'il est normal dans la condition humaine, qu'un individu exige pour lui-même et pour sa famille, le meilleur cadre de travail et le meilleur cadre de vie, les meilleures libertés et les meilleures possibilités d'expression. Or les régimes africains n'offrent pas cette éventualité et très peu ont à peine pris conscience des problèmes de la diaspora. Il suffirait pourtant de concevoir et de mettre en exécution des politiques de retour convenables, pour que des milliers d'Africains talentueux rentrent et transforment le continent.

Malheureusement, diaspora est devenu synonyme d'opposition et de contestation de l'ordre établi dans plusieurs pays, particulièrement ceux qui sont gérés par des dictatures féroces et obscurantistes. On continue à épier le nouveau venu et des dossiers de candidature venant de l'étranger pour des postes de travail disparaissent sans laisser de traces.

Cette faute n'est pas seulement l'apanage de l'administration publique, c'est un phénomène que l'on trouve même dans le secteur privé, ce qui pose la question plus générale du niveau de promotion du patriotisme, et du sens de la solidarité nationale. Nous conviendrons aisément que ces exemples ne militent pas en faveur d'une promotion des valeurs de progrès, de mérite et de compétence.

Certes, l'on peut estimer, et ce n'est pas un faux procès, que les Africains qui ont réussi de brillantes formations académiques à l'étranger et qui pour certains y ont acquis une expérience substantielle souvent de renommée internationale, se font trop prier pour rentrer dans leur pays. Des accusations de condescendance ne manquent pas, tout comme celles d'exigences salariales disproportionnées par rapport aux niveaux de vie et de capacité de rémunération en Afrique. Toujours est-il que le message de Barack Obama comporte l'autre dimension, celle qui incite et appelle au sacrifice, à l'effort :

« *Le monde sera ce que vous en ferez. Vous avez le pouvoir de responsabiliser vos dirigeants et de bâtir des institutions qui servent le peuple... il y aura des souffrances et des revers [...] Le progrès ne viendra de nulle part ailleurs [...] Il doit découler des décisions que vous prendrez* ».

La diaspora africaine peut-elle camper dans une position d'exil éternel sous le prétexte que les institutions du pays ne sont pas bonnes ou encore sous le prétexte qu'elle attend d'être bien accueillie, de se voir dérouler le tapis rouge avant de rentrer ? Les souffrances et les revers invoqués par Obama n'appellent-ils pas finalement à une prise de conscience collective la plus large possible intégrant cette diaspora africaine ?. Nous plongeons une fois de plus au cœur d'un débat récurrent en Afrique, où l'on entend couramment dire que l'élite de la diaspora attend que les révolutions se fassent sans elle pour venir s'installer au pouvoir et jouir des fruits des souffrances, des sacrifices du peuple. Vrai ou faux, toujours est-il que depuis la fin des années 1990 avec l'échec des conférences nationales et le blocage des processus de changement politique dans plusieurs pays, la plupart des bonnes intentions qui s'étaient manifestées au sein de la diaspora africaine se sont estompées. L'on a même au contraire assisté à un mouvement de reflux contrariant. Un certain nombre de cadres qui avaient accouru en espérant que le moment était venu de contribuer à l'édification de leur pays, a repris le chemin retour vers l'extérieur après moins de deux ou trois ans. Déçus par la tournure des événements, l'ampleur de la cupidité et de l'insouciance des tenants du pouvoir et d'une opposition grossièrement incompétente, inconsistante et non mal politisée, les nouveaux arrivants n'ont pas supporté longtemps de faire les frais d'un rêve populaire brisé. Beaucoup avaient heureusement pris la précaution, soit de ne pas déménager vraiment, soit de prendre simplement des congés prolongés, mais dans tous les cas, de garder leurs titres de résidence valides.

Les avis sont parfois déroutants à propos justement de cette diaspora et de la considération à lui réserver. Voici par exemple une plaquette embarrassante très loin des éloges d'Obama, que d'autres Africains ont fait circuler sur internet :

« *Diaspora Africaine, diaspora inutile.*

Ils ont des grandes gueules et portent de grosses vestes. Ils parlent de tout, connaissent tout, s'opposent à tout. Les Africains de la diaspora en Europe sont pourtant pour la majorité des personnes disposant d'un fort potentiel qu'il soit intellectuel ou financier.

Mais à quoi sert tout l'argent du monde, tous les diplômes du monde si l'on ne peut pas s'en servir et être utile ?

On les a vus siffler leurs chefs d'Etat en visites officielles en Europe, on les lit dans les forums et par e-mails interposés. Ils parlent de tout et critiquent tout. Pourtant, leurs parents en Afrique manquent d'eau potable. (Une pompe à eau coûte 75 euros). Dans certains pays, il faut parcourir 10 à 15 km pour trouver un point d'eau.

Leurs parents en Afrique meurent de faim et de mauvaise nutrition ; eux ils mangent le saucisson et le fromage.

A quoi sert donc la diaspora africaine ? Ils sont absents dans les forums de réflexion pour le développement, mais pleins dans les bars et lieux de débauche.

La diaspora a la grosse gueule qui manque de solution.

A quand un messie africain qui viendra demander aux Africains de cesser de se plaindre, et leur dire qu'il est temps d'agir ?

La diaspora aux grosses vestes qui baisse le pantalon au passage du Blanc.

Sors de ton sommeil. Réveilles toi donc !

Alors tu la fermes si tu ne peux pas agir ».

La première réaction à la lecture de cette description que nous avons volontiers qualifiée de plaquette laisse pantois. Mais à y regarder de près, l'on se rend compte que tout y est dit, peut-être avec quelques exagérations, mais certainement avec tous les doutes, les craintes, les espoirs, les déceptions, les soupçons, les accusations, les éloges, les recommandations aussi.

Il faut dire que pour un grand nombre d'autres Africains de la diaspora, retourner en Europe ou aux USA après une déception dans leur pays d'origine était d'autant plus facile qu'ils détiennent dorénavant la double nationalité.

Et à propos de double nationalité, un autre nœud de complications est apparu avec les législations nationales de beaucoup de pays africains qui ne la reconnaissent pas, créant des frustrations souvent très mal vécues par la diaspora. Un Africain rencontré à bord d'un avion sur le chemin de retour en Europe après des vacances passées au pays, n'a pas retenu ses larmes en racontant avec une poignante émotion, comment il avait été traité de putain d'immigré et d'esclave des Blancs par un policier lors de l'apposition du visa de sortie dans son passeport belge. Et comme il fallait s'y attendre, il concluait son histoire par : « *d'ailleurs, je ne remettrai plus jamais les pieds dans ce pays. Si je meurs, même mon corps ils ne le verront pas. Je vais rester, travailler et finir ma vie là-bas. Si mes enfants le désirent ils pourront rentrer, mais dans tous les cas, ils ont déjà la nationalité belge. Et puis, rien ne marche sur place, l'insécurité règne partout, le tribalisme fait rage, les gens sont désordonnés, on ne peut même pas se soigner convenablement. Les gens conduisent tous comme des soulards et la circulation est impossible à tout moment. Est-ce que c'est même encore un pays ça, jusqu'à on nous traite de mercenaires* » ?

On aura beau banalisé le problème de la double nationalité, il reviendra toujours sur le tapis dans les obstacles sur lesquels achoppe une vraie politique d'incitation du retour des nombreux cadres résidant à l'étranger. Ce n'est pas que les gouvernants n'y ont pas réfléchi, c'est qu'ils ne parviennent pas dans la plupart des cas, à se défaire de l'idée de la diaspora comme un danger pour les autocraties régnantes. Malgré le relatif apaisement de la vie politique dans l'ensemble, les dictateurs en Afrique continuent de croire que l'intellectuel qui débarque de Paris, de Londres ou de Washington, pourrait représenter un danger pour le pouvoir. C'est d'autant plus vrai que interrogé sur les raisons du blocage du projet de loi sur la reconnaissance de la double nationalité, le conseiller d'un chef d'Etat africain a eu cette réponse : « *si on fait passer cette loi, on court le risque de voir un étranger s'installer un jour à la tête du pays* ».

Ce raisonnement passerait pour une leçon de lucidité et de pragmatisme pour quelqu'un qui n'est pas familier des arcanes du pouvoir en Afrique et de la cupidité de ceux qui décident. En réalité, il s'agit d'une réponse non seulement ridicule mais malhonnête. Sans exagération, il est possible de soutenir que la moitié au moins des présidents africains est porteur de plus d'un passeport. Ils sont légion, ces hauts fonctionnaires qui ont la nationalité d'un autre pays en plus de celle de leur pays d'origine où ils jouent aux grands nationalistes lorsqu'il s'agit de parler de la diaspora. Il se raconte d'ailleurs des histoires selon lesquelles, les passeports étrangers détenus par les hauts responsables politiques africains, sont conservés avec un soin particulier, car ils vivent avec des préparatifs permanents de fuite si les choses tournent mal. D'ailleurs si les parents, pour des raisons que l'on perçoit bien, n'affichent pas leurs précieux documents, les enfants eux les utilisent de façon ostentatoire lors des voyages à l'étranger.

C'est l'occasion de réfuter l'autre thèse cynique de la responsabilité de l'Occident ou du colonisateur dans les guerres civiles, le tribalisme outrancier, la haine ethnique, la discrimination institutionnalisée. Nous n'allons pas accuser l'Occident pour hier, et l'obliger à accepter nos erreurs et nos fautes d'aujourd'hui. Le régime d'Apartheid jadis décrié en Afrique du Sud, est tranquillement et ouvertement présent dans plusieurs pays à l'instar du Cameroun où la Constitution de 1976 reconnaît des droits d'éligibilité à certains citoyens mais pas à d'autres selon l'origine ethnique. C'est exactement ce que furent les fameux bantoustans, piètres *républiquettes* constituées par le régime raciste sur des bases tribales dans une tentative de « *diviser pour mieux régner* ».

Ce n'est pas une Afrique qui fait couler chaque jour le sang de ses citoyens et où les dirigeants n'entendent pas les cris des enfants étouffant de famine, de malnutrition, de maladie et d'abandon qui engagera la responsabilité de qui que ce soit devant un éventuel tribunal pénal international. Ce ne sont ni les Occidentaux ni les Asiatiques qui sont jugés devant le tribunal spécial de l'ONU pour le Rwanda ou celui constitué pour le Libéria. On peut certes disserter sur le caractère peut-être sectaire de ces tribunaux, mais la réalité des crimes insoutenables versés dans le dossier d'accusation n'est pas objet de contestation ni de doute. Que l'on attribue un rôle à la France dans le génocide de 1994 ne plaide pas en faveur des criminels de la radio des mille collines. Les animateurs de la radio n'étaient pas des Français, et la plupart des victimes ont été tués à coups de machettes et non de missiles modernes ou même de fusils d'assauts importés de Belgique ou de Paris. Ce sont bien des Rwandais qui découpaient leurs frères et sœurs, leur donnaient la mort et voyaient jaillir le sang des enfants, des vieillards, de leurs mamans et de leurs papas avant de balancer leurs restes dans les fosses communes. Ce ne sont pas non plus les Occidentaux qui violent, pillent et brûlent tout sur leur passage à l'Est de la RDC, de la Centrafrique. C'est bien le colonialisme belge et l'impérialisme international qui commanditèrent l'assassinat de Patrice Lumumba, mais ce sont des Africains qui exécutèrent le boulot. C'est encore l'impérialisme dit-on qui aurait planifié l'assassinat de Sankara, mais c'est bien Blaise Compaoré, ami, frère d'arme, compagnon et fils de la famille comme le considérait le père du défunt, qui mit lâchement à mort le héros panafricain et les deux autres par la suite (Zongo et Lingani). Ce n'est pas l'Occident, mais le très virulent anti-colonialiste, anti-impérialiste et panafricaniste Sékou Touré qui a liquidé Diallo Telli, le premier secrétaire général de l'OUA.

Alors, les crimes anciens, les responsabilités anciennes, sont-elles aussi grotesques et aussi ignobles que les crimes et les responsabilités contemporaines ? Rencontrés dans diverses villes européennes, les enfants de la diaspora sont souvent unanimes dans la production d'un discours qui donne froid au dos, plein de sens et d'interrogations : « *je préfère subir l'humiliation, la discrimination et l'oppression ici, l'humiliation, le rejet et l'injustice venant des autres, mais je ne peux pas, je n'accepte pas qu'un tel traitement vienne des miens, de mon pays, des gens qui sont sensés travailler pour notre bien-être, nous protéger, nous développer, défendre nos intérêts* ».

Le fait est significatif d'une réalité mal connue ou insuffisamment connue par ceux qui ne la vivent pas. Le tribalisme et la discrimination en Afrique sont responsables des crimes inimaginables. Que de vies brisées, d'espoirs broyés, de rêves compromis, d'ardeurs stoppées, de projets noyés, de familles perdues, de jeunesses abandonnées !

Et Sarkozy proclame : « *la colonisation n'est pas responsable des guerres sanglantes que se font les Africains entre eux* ».

Et Barack Obama enfonce le clou : « *durant la vie de mon père, ce sont en partie le tribalisme et le népotisme dans un Kenya indépendant qui, pendant longtemps, ont fait dérailler sa carrière, et nous savons que cette forme de corruption est toujours un fait quotidien de la vie d'un trop grand nombre de personnes* ».

Le mal a des manifestations au-delà des attentes et des acceptations. Il est diabolique. Ce n'est pas de manière fortuite que Obama met l'accent sur le fait que ce qu'il dénonce, ce que vit alors son père, c'est dans *un Kenya indépendant.* En somme, quoi que l'on puisse dire, les choses se passent dans un pays dorénavant tenu par des Africains. Ils sont responsables et personne d'autre.

L'on a vu et l'on voit encore tous les jours, un poste au sein d'une organisation internationale demeurer vacant, parce que réservé à un pays africain précis, mais d'où le régime en place n'a pas pu trouver un candidat d'une tribu convenable, selon les politiques de discrimination en cours. Vous avez beau être compétent et l'ONU ou une de ces agences a beau vous choyer et vous solliciter, mais si vous êtes originaire d'une tribu qui ne plaît pas au régime, vous n'irez nulle part et le pays préférera perdre le poste. Voilà l'Afrique. Qui payera pour les réparations ? Priver une organisation internationale des services et des compétences d'un cadre de haut niveau, c'est priver l'humanité entière d'une intelligence, d'une expertise. C'est un crime contre l'humanité. Que feront les Africains le jour où les autres peuples devront pour tous ces crimes indéfendables, demander à leur tour des réparations ?

Que l'on soutienne que ces pays sont sous l'emprise des influences extérieures aggrave plutôt notre cas, parce que nous avaliserions la thèse du nègre sans âme, sans conscience, éternellement infantilisé et infantilisant. Un peuple incapable de discernement et incapable de donner de la considération à l'amour de l'autre, à la foi de la justice, à la peur de la sanction sociale, ne peut pas se reporter vers autrui pour inventorier ses faiblesses et soigner ses maladies. L'invocation du tribalisme par Obama et Sarkozy sonne comme une désolation au-delà de la dénonciation.

C'est l'occasion de revenir sur la thèse trop facile de la main de l'Occident derrière les actes de génocide au Rwanda ou de tribalisme ici et là. Il n'y a pas meilleure et condamnable fuite en avant que cette vision des souffrances africaines. Les Africains seraient-ils finalement des êtres humains d'une inconscience et d'une inconsistance tellement graves qu'ils seraient, même en étant maîtres de leur destin, manipulables à souhait par le premier Européen ? La réponse à cette interrogation nous semble essentielle car elle conditionne la crédibilité de notre discours de libération nationale, et valide ou invalide les thèses historiques racistes de la justesse de « *la mission de civilisation* ».

b) Réalités troublantes de la Françafrique et déroutantes illusions pro-américaines

On a beaucoup entendu parler de ces réseaux occidentaux et de ces individus sans foi ni loi qui depuis Paris, Londres ou Washington, commandent aux destinées des peuples africains, font et défont les décisions, élisent et renvoient les gouvernants et haut fonctionnaires. On connaît depuis des lustres, les noms et les patrons de certaines grandes entreprises réputées, ancrés dans des réseaux mafieux qui tiennent le diamant, le pétrole, l'or, le bois, les ports et aéroports africains. Seulement, la présentation n'a jamais été faite de manière à traduire la réalité effective en ce qui concerne l'identité, le rôle et la responsabilité de tous les acteurs. Certes, il est facile d'évoquer un Omar Bongo ou encore le vieux Houphouët en son temps, parce qu'ils décidaient de qui devait être ambassadeur de France dans leur pays. Mais, l'autre réalité, celle d'une Afrique de petits individus au sens moral, des gens cupides, pressés et opportunistes qui n'ont jamais envisagé leur destin que de façon téléguidé et assisté, ne ressort pas vraiment dans les études et commentaires.

Sans doute mus par une sorte de malédiction et de défaitisme congénital, beaucoup d'Africains continuent de ne penser à une carrière politique réussie dans leur pays, que sur la base des bonnes grâces ou des injonctions venues de l'autre côté de la mer. Il n'y a pas de mots assez durs pour décrire ce que l'on observe particulièrement dans la capitale française.

Paris grouille d'individus qui se présentent comme des futurs chefs d'Etat et cherchent à longueur de journée, de semaines, de mois et d'année, les contacts pour leur ouvrir les portes des centres du pouvoir. Ces postulants que l'on rencontre en costume trois pièces même lorsque la température atteint 40 degrés, trimbalent des curricula vitae, des programmes de gouvernement, des listes de membres de cabinets. Il n'est pas rare de se rendre compte que celui qui se présente devant vous comme le futur ministre de ceci ou de cela de votre pays, n'est qu'un indigent sans domicile fixe, vivotant au gré des aides sociales et des trafics des indemnités de chômeur.

Comment en arrive-t-on à s'installer dans cette situation ? En fait, trop de mensonges et d'opacité caractérisent la politique en Afrique, et l'absence de transparence dans l'articulation des carrières laisse l'impression de mystère, de soutiens cachés même lorsque les choses se font régulièrement. Les politiciens de Paris qui ne voient eux-mêmes en leur pays que des comptoirs coloniaux, sont convaincus que tout passe par la France et que personne ne peut rien faire politiquement sans l'aval de l'Elysée. Sarkozy et Obama ont beau réitéré que « *c'est aux Africains qu'il appartient de bâtir leur destin et de décider du choix de leurs dirigeants* », rien n'est fait dans ce sens. Les vieilles idées et les complexes ancestraux ont la peau dure. Pour un de ces futurs présidents comme ils aiment se faire appeler, obtenir un simple rendez-vous avec un conseiller à l'Elysée, au ministère des affaires étrangères ou au ministère de la coopération suffit pour aller pavoiser au sein de la diaspora sur les soutiens dont il jouirait. Ils sont ainsi nombreux à jurer en donnant des dates de prise de pouvoir et de leur installation officielle. Que ce soit avec les gens du pouvoir ou avec ceux de l'opposition, chaque contact compte dans la balance pour faire miroiter le paradis de bientôt à une cour hésitante.

Nous sommes ici en présence d'individus qui initient des situations de toute nature pour convaincre la classe politique parisienne, qu'ils seraient bien placés pour défendre les intérêts de la France. Dans cette lancée, ces voyous dont beaucoup ne soupçonnent pas le niveau de cupidité sont pires que des prostituées en fin de carrière qui sont obligées d'interpeller chaque passant et de se montrer sous des formes les plus répugnantes. Mais alors, l'on assiste parfois à des drames lorsque pour certains, la nouvelle leur vient que leur nom et leur existence ne disent rien à personne à l'Elysée ou à Matignon. Il semblerait que l'on en trouve qui tombent en syncope parce que leur demande d'audience est restée sans suite ou parce que l'on leur a fait dire par une secrétaire que l'objet de leur visite mérite d'être mieux spécifié.

Ainsi donc, parler de réseau françafrique peut dans certains cas, ramener toute la problématique des reproches faits aux acteurs des relations franco-africaines, à une autre mise en cause des propres turpitudes des Africains. La description que nous faisons n'épargne aucun intervenant sur place en Afrique. La plupart des dirigeants de l'opposition jouent encore de façon plus serrée que les gens des régimes qu'ils combattent ou sont sensés combattre. Tous ont des entrés discrètes dans la classe politique française et en font même une véritable priorité. Lorsque l'on veut s'étonner qu'ils vilipendent la Françafrique d'une main pendant qu'ils fréquentent ses allées et ses pontes de l'autre main, ils vous rétorquent que « *c'est indispensable de contrer le régime qu'ils veulent renverser ou changer* ». Et lorsque l'on leur demande s'ils ne craignent pas de tomber dans le piège et de faire exactement comme ceux qui sont au pouvoir, ils vous disent « *qu'ils sont assez forts et que l'on doit leur faire confiance* ».

La vraie surprise dans cette cavale idiote faite de rêves fous et de promesses rocambolesques, c'est que l'on y trouve impliqués des universitaires talentueux et de hauts cadres compétents de qui l'on est en droit d'attendre une plus grande démonstration d'intelligence. Certains responsables politiques et gouvernementaux français sont les premiers stupéfaits par autant de légèreté et préfèrent souvent jouer à un jeu qu'ils ne souhaitent pas du tout. Un simple chef de service au Quai d'Orsay peut facilement amener un Africain à vendre ses parents parce que ce dernier est convaincu, à la suite d'un repas banal autour d'une table, qu'il a été choisi pour être le prochain président de son pays. Ce qui est plus préoccupant, c'est la facilité avec laquelle des fous s'attèlent d'autres fous. Il suffit de se laisser à quelques milieux africains de Paris que fréquentent ces politiciens martiens, pour avoir des chances de se voir proposer un portefeuille ministériel. L'embêtant, c'est que certains y croient et s'engagent même dans quelques préparatifs. Ces gens vont jusqu'à se parler en utilisant le traditionnel « *Excellence* » très en vogue dans les autocraties ultra protocolaires et extravagants du continent.

Il faut révéler le bout de l'infamie que constitue le recours aux regroupements ésotériques pour tout comprendre. Ils sont en effet nombreux à chercher comment entrer dans la Rose Croix, la Franc-maçonnerie, et toutes les autres institutions de ce type. Un taximan africain de Paris se moquait d'un grand universitaire originaire du même pays que lui en ces termes : « *je suis maçon et tu ne fais pas le poids devant moi. Lorsqu'il faudra mettre quelqu'un au pouvoir en Afrique, c'est moi qui serai prioritaire. Je sais de quoi je parle. C'est nous qui contrôlons le pouvoir* ». Voici donc le comble du paradoxe d'un continent qui a produit des cadres de presque toutes les institutions prestigieuses du monde, mais où les meilleurs génies se comportent comme des moutons condamnés à être tirés par une mystérieuse corde dont le bout se situe loin de leur terroir. L'image de la vieille prostituée, celle qui va le mieux avec l'errance morale et psychologique des politiciens africains étourdis et voués à la subordination éternelle. Que Bolloré, Total, Lafarge et SCOA contrôlent tout et tiennent tout dans les économies des anciennes colonies françaises est certes un inacceptable scandale, une main mise choquante après des décennies d'un discours d'indépendance envahissant. Mais que des cadres africains, souvent la fine crème, s'adonnent à des formes de prostitution de la pensée, du corps, de l'esprit et de la compétence qui s'apparente à une mentalité d'auto- flagellation, est encore plus insoutenable et doublement voire triplement condamnable.

Dans ce contexte, il est fort à craindre que des Africains soient encore les meilleurs piliers de cette monstrueuse et insaisissable pieuvre appelée Françafrique. La question majeure aujourd'hui pourrait se ramener à celle-ci : « *comment couper les bras et les pieds d'un monstre dont les supposées victimes apparaissent en même temps comme des parties de son corps et les garants de sa subsistance* » ? Cette interrogation trouve sa pertinence dans le fait que la génération des premiers dirigeants africains des lendemains des indépendances que l'on a un peu trop vite crucifié comme étant des traîtres et des suppôts du néocolonialisme, ne sont plus seuls en cause. L'on observe que petit à petit, ceux d'hier sont remplacés dans les réseaux par ceux d'aujourd'hui qui ont des dents plus longues, les appétits plus voraces et les méthodes plus cyniques. Quelques-uns des plus virulents critiques du discours de Dakar se recrutent parmi les plus fidèles des antichambres des cabinets ministériels à Paris. Allez donc comprendre par quelle équation mathématique de l'Egypte ancienne l'on parvient à justifier ce genre de contradiction et à survivre à l'exigence élémentaire de loyalisme et d'honneur.

Mais si seulement tout pouvait s'arrêter au niveau de la Françafrique. Le constat que l'on fait des mentalités d'asservis et d'éternels subordonnés qui minent toute prospective politique africaine, affecte la relation à long terme avec toutes les puissances extérieures, anciennes et nouvelles, petites et grandes. Si l'on a pu un moment croire à une réelle rivalité entre les anglo-saxonnes et les francophones du continent, c'est moins vrai au regard de la tendance généralisée à rechercher des appuis étrangers et à tout remettre à la volonté d'un parrain non africain. Il est effectivement indéniable que le colonialisme français a plus marqué les esprits par ses méthodes décriées de substitution complète de l'autorité locale et d'éviction des traditions et coutumes souvent suspectées de source sournoise de rébellion, mais analyser globalement le colonialisme n'a fait dans la dentelle nulle part et a secrété partout des germes de destruction de la personnalité authentique et de l'identité originelle. Ce qui fait la différence à l'époque moderne, c'est le caractère trop voyant et brutal de l'intervention française dans les affaires des Etats en principe indépendants.

S'agissant de la maladie de la recherche des parrains extérieurs, tout le monde est logé pratiquement à la même enseigne. Washington et Londres tiennent exactement le même rôle que Paris et les candidats aux hautes fonctions en Afrique y grouillent avec la même intensité, et frappent aux portes des antichambres des centres de décision réels ou supposés avec la même bêtise, la même frilosité et la même légèreté.

Sous le prétexte d'être la meilleure personne pour gouverner son pays et offrir le meilleur programme de gouvernement, de respect des droits de l'homme et de protection des investissements étrangers, toutes les flatteries de ces postulants dont certains se comportent en oiseaux de nuit pourrait être résumées en une seule petite phrase, « *si vous me soutenez et m'aidez à prendre le pouvoir, je vous ouvrirai l'accès à toutes les richesses de mon pays aux conditions meilleures que vous voudrez* ». Cette présentation pourrait paraître exagérée, pourtant la substance des promesses dépasse souvent la fiction.

En fait, des gens qui s'estiment nés pour gérer le pouvoir n'hésitent pas entre deux conversations épuisantes et dépitées, à vous confier combien ces Blancs sont bêtes de ne pas voir en eux, le bon et vrai ami par lequel et avec lequel ils gagneraient plus qu'avec le régime en place. Que ces soupirs laissent transparaître des graines de dictature ne préoccupe jamais l'entourage immédiat. Le mot d'ordre rodé, usé et fatigué, c'est : « *on s'installe d'abord au pouvoir à tout prix, y compris avec l'appui et les moyens du diable et on voit la suite après, une fois là-bas* ».

Le malheur d'être diplomate de carrière ayant en plus vécu aux Etats-Unis, m'a exposé à de nombreux postulants aux fonctions de chef d'Etat en quête d'une bonne adresse à Washington. Certains n'ont pas hésité à me promettre des sommes importantes, des postes dans un futur gouvernement et toutes sortes d'autres récompenses, si je favorisais leur contact avec des personnalités de premier plan à Washington, au Congrès, au Sénat ou au département d'Etat. Un jour je fus approché par l'un de ces piètres politiciens à l'aéroport de Washington au moment de récupérer les bagages. Originaire d'un pays d'Afrique de l'Ouest, il m'avoua que son voyage était motivé par le besoin d'un ancrage américain de premier plan car, me confia-t-il, c'était indispensable pour un jeu égal avec le président de son pays qui était soutenu par un cabinet de lobby avec des entrées puissantes et très sûres à la Maison blanche. Un autre rencontré dans les rues de New York durant la session annuelle de l'Assemblée générale de l'ONU proposait de m'embaucher pour organiser ses rencontres avec les chefs d'Etat de quelques pays de premier plan. Il déclara qu'il était arrivé discrètement de Paris dans l'intention de profiter de la concentration des chefs d'Etat à l'ouverture de la session pour nouer des contacts qu'il ne saurait faire autrement en temps normal. Ancien ministre des finances de son état, il résidait bien dans son pays mais estimait que ses déplacements étaient soumis à un contrôle strict. Il avait été trompé deux ans auparavant par un courtisan qui lui avait promis contre la somme de deux cent mille dollars payée d'avance, de lui arranger un rendez-vous avec le Secrétaire général de l'ONU, monsieur Koffi Annan. A la question de savoir pourquoi il se bat tant pour le pouvoir, il répondit qu'il représentait la chance pour son pays, qu'il était plus intelligent que l'actuel tenant du pouvoir, et qu'il avait le soutien des plus grands marabouts dans sa quête pour occuper le fauteuil de président de la république.

Anciens ministres, chefs de partis politiques, hommes d'affaires, intellectuels, chefs traditionnels, ils ont tous la même préoccupation, tiennent à peu près le même langage, mais disposent souvent des moyens très inégaux. Ceux qui ont été aux affaires ne cachent pas facilement leur aisance, et pour cause, ils disposent des comptes planqués à l'extérieur, provenant des fonds difficilement justifiables. Un point d'ancrage très recherché est constitué par les anciens ambassadeurs en Afrique. Ceux-ci sont particulièrement prisés dans le cas des contacts aux Etats-Unis où la vie politique n'a pas le même étalage spectaculaire et intellectuel qu'en Europe. Profitant du tournant des années 1990 avec la fièvre des conférences nationales où l'on avait vu les diplomates américains s'engager parfois de façon ouverte dans le débat politique en faveur des mouvements réformateurs, les postulants africains se sont découverts de nouveaux maîtres. A maintes reprises, j'ai reçu des confidences des diplomates américains qui s'étonnaient de ce que les politiciens africains se trompaient en s'attendant que les Etats-Unis se chargent de les installer au pouvoir dans leur pays. *Soutenir les droits de l'Homme et la démocratie,* me disait-il, *ne veut pas dire que les Etats-Unis soutiennent des individus. Les Etats-Unis n'ont pas la capacité de remplacer les électeurs et n'ont aucune intention de rédiger les programmes d'un candidat.*

Pour justifier ces égarements aux accents parfois pervers, les politiciens et aspirants dirigeants africains sont prompts à dérouler des explications géopolitiques sans aucun rapport avec les réalités. Tous vous disent que les Français et les Américains se battent pour le contrôle du continent et par conséquent, si vous n'avez pas l'appui de l'un, vous avez l'appui de l'autre, et si vous rejetez le soutien de l'un il vous faut rechercher le soutien de l'autre. Selon ce discours ambivalent à souhait, rien ne se ferait sur le continent sans la volonté d'une puissance extérieure quelconque. Il ne resterait plus qu'à jurer que même la pluie ne tomberait à Abidjan ou à Kampala qu'après des ordres de Washington, Moscou ou Berlin.

La logique d'une telle subordination de l'esprit aux vents et aux paravents étrangers aboutit à ne pas croire du tout à la perspective du triomphe du suffrage universel en Afrique. Ce qui est très amusant dans toutes ces histoires, c'est que les chefs d'Etat en fonction ne perdent presque jamais aucun détail des contacts embrouillés de leurs opposants à l'étranger. Les mêmes personnes, hommes politiques d'opposition, membres du gouvernement, journalistes et patrons de grosses boîtes multinationales qui finissent quelques fois par recevoir ces tourbillons, n'hésitent pas à utiliser l'information pour augmenter leur capital de crédit auprès des autocrates africains. Ces retournements, peut-être des trahisons d'un certain point de vue, ne découragent pas les futurs chefs d'Etat, toujours aussi convaincus que la route du pouvoir passe par les réseaux. Il ne faudrait pas être surpris si en conclusion, l'on arrive à établir que les fameux réseaux d'influence occidentaux sont plus dépendants des dirigeants africains que ces derniers ne sont dépendants d'eux. Tout est en fait possible et aucune hypothèse ne serait réellement de trop ou à exclure.

On retrouve de façon presque explicite cette tendance dans la motivation des critiques du discours de Dakar. A force de toujours penser qu'une puissance ne peut s'intéresser à l'Afrique que dans la perspective de la mise en œuvre ou du renforcement des stratégies de domination et de conquête, l'on aboutit à rejeter sans en analyser la moindre portée ni signification, toute main tendue, toute esquisse d'une nouvelle démarche de coopération reformée, toute tentative de révolution même embryonnaire dans l'articulation des rapports internationaux. Même dans le pire des cas, aucun dirigeant dans le monde arrivant nouvellement au pouvoir, ne disposerait des moyens de la preuve d'une volonté immédiate, absolue et incontestable de chambouler radicalement les principaux paramètres d'influence stratégiques et géopolitiques, ni de reconfigurer automatiquement les facteurs déterminants des relations diplomatiques.

Par ailleurs, au-delà des nécessaires et des indispensables éléments de dépendance géopolitiques, il existe des marges de manœuvre indéniables dans l'organisation politique interne des Etats et il revient aux acteurs civils et politiques, et aux intellectuels de les exploiter à leur profit et pour atteindre leurs objectifs.

Ecoutons encore Nicolas Sarkozy à ce propos :

« *Ce que la France veut avec l'Afrique, c'est le co-développement, c'est-à-dire le développement partagé... La France veut avec l'Afrique des projets communs, des pôles de compétitivité communs, des universités communes, des laboratoires communs... Ce que la France veut avec l'Afrique, c'est élaborer une stratégie commune dans la mondialisation* ».

Ecoutons Barack Obama dans cette même lancée et sur le même ton :

« *En outre, je tiens à le dire clairement : notre commandement pour l'Afrique ne vise pas à prendre pied sur le continent, mais à relever ces défis communs afin de renforcer la sécurité des Etats-Unis, de l'Afrique et du reste du monde* ».

Je ne m'étonnerai jamais assez sur les raisons de critiques aussi acerbes qu'inutiles et insensées du discours de Dakar. Jamais avant Nicolas Sarkozy, un président français ne s'était adressé aux Africains avec autant de franchise, de profondeur, de passion, de sagesse et d'honnêteté. L'histoire dégagera seulement plus tard la vraie dimension des propos de ce jeune président au sommet de sa réussite politique et confronté au dilemme d'une coopération euro-africaine faite de mille plaies, de moult suspicions et de multiples incompréhensions, plus souvent orchestrées qu'incontournables. Obama ne dira pas autre chose plus tard, comme l'on peut s'en apercevoir après son passage à Accra.

Les deux chefs d'Etat n'étaient pas en mission pour livrer des ouvrages clé en main dans le style d'une entreprise commandée et payée sur des plans de faisabilité. Ils sont venus dire la vérité aux Africains et leur présenter de façon claire et tranchée, les conditions d'un réel développement selon Obama, et d'une renaissance selon Sarkozy. C'est le lieu de rappeler qu'aucune confusion ne devrait exister entre la proclamation des grands principes et la mise en application conséquente de ceux-ci. Le fait pour le dirigeant d'un grand pays de faire un diagnostic sans équivoque des problèmes d'un partenaire et ensuite de dresser l'inventaire des stratégies souhaitables pour palier aux difficultés et favoriser une coopération subséquente fructueuse, correspond tout à fait à une démarche logique, compréhensible. Seuls les naïfs pouvaient se faire des illusions sur la conduite de la politique africaine de la France et sur ses objectifs immédiats après Dakar, mais seules des personnes de mauvaise foi ne pouvaient pas comprendre que Dakar représentait dans tous les cas un saut qualitatif dans l'avenir.

Certes, la France est intervenue au Tchad pour sauver le régime du dictateur Idriss Déby, elle maintient des troupes à Djibouti, à Libreville, à Abidjan, à Ndjamena et a reçu Biya à Paris, après avoir gardé un silence embarrassé sur des coups d'Etat, des tripatouillages des constitutions par-ci et par-là. Tout cela ne change rien à la substance et à la portée du discours de Dakar. Les nécessités tactiques et les urgences ponctuelles de la realpolitik, ne sauraient nullement dénaturer ou compromettre les planifications diplomatiques à long terme et les conceptions stratégiques en profondeur.

Obama n'allait pas distribuer des crédits gratuits aux Africains après son passage à Accra, changer la façon des banques américaines de calculer les intérêts sur les dettes contractées par les Africains, ni s'engager à remplacer tout de suite tous les régimes autocratiques du continent par des démocraties issues des urnes transparentes. Il a énoncé des principes politiques simples, des dogmes sacrés : « *les gouvernements qui respectent la volonté de leur peuple, qui gouvernent par le consentement et non par la coercition, sont plus prospères, plus stables et plus florissants que ceux qui ne le font pas... Il ne s'agit pas seulement d'organiser des élections, il faut voir ce qui se passe entre les scrutins* ».

c) L'urgence d'une nouvelle intelligence

En Africain responsable, lucide et sensible, je proclame mon adhésion aux discours de Dakar et d'Accra.

Tout Africain responsable, lucide et sensible, devrait faire siens les grands principes énoncés à Dakar et à Accra.

Tout Africain responsable, lucide et sensible, devrait considérer les discours de Dakar et d'Accra comme des messages pressants aux Africains et particulièrement à sa jeunesse, à ses cadres, à ses scientifiques et à tous ses génies actuels et virtuels pour l'émergence d'une nouvelle intelligence.

La nouvelle intelligence doit incarner une démarche résolument révolutionnaire marquant la rupture radicale avec la mentalité d'assisté, le culte de l'autosatisfaction et de l'autoglorification, la recherche permanente des torts d'autrui comme source des malheurs des peuples africains, l'instrumentalisation outrancière du procès de l'esclavage, de la colonisation, du néocolonialisme et de l'impérialisme.

Il serait tentant de conclure que la propension d'un discours axé sur la responsabilité des tiers dans les problèmes de l'Afrique, résulte d'une inexplicable tare congénitale entretenue par une intelligentsia paresseuse et à court d'imagination, comme excuse à la défaite du continent dans ses rapports historiques et contemporains avec le reste du monde. *(Shanda Tonme).*

La nouvelle intelligence doit proclamer la fin de la mystification des seigneurs de l'académie qui ont fait de la dictature de leurs plumes, l'unique source d'orientation des peuples en quête de bien-être, et le socle de toute réflexion sur l'état des rapports de forces dans le monde.

Je proclame que la nouvelle intelligence n'a ni besoin de la querelle sur l'antériorité des civilisations, ni besoin de rechercher la responsabilité du plus haut tas de cadavres de l'histoire, car si elle se nourrit des leçons du passé, elle ne saurait être ni prisonnière de celles-ci, ni éternellement dépendante de ses conséquences.

Je recommande que la nouvelle intelligence proclame l'inutilité de la haine, du racisme, de la discrimination et du génocide psychologique, au nom d'une vengeance improductive sur les injustices du passé.

Je recommande que la nouvelle intelligence proclame l'indispensable mariage entre la pensée et l'action, la réflexion et la raison, l'histoire et le présent, le présent et l'avenir, le désespoir d'hier et les espoirs de demain, comme conditions incontournables d'une réalisation de l'Africain dans le monde en mutation.

Je recommande que la nouvelle intelligence assume la responsabilité de la reconnaissance et de l'acceptation des défaites du passé, et intègre sans complexe comme fait historique, la terrible impréparation de l'Afrique ancienne face à une Europe rusée qui l'a conquise, colonisée et brimée.

Je recommande que la nouvelle intelligence proclame la prééminence de l'effort, du travail et du génie créateur, condition de la réalisation intégrale de l'Homme et seule source incontestable de richesse.

Je recommande que la nouvelle intelligence reconnaisse la validité et la nécessité de la compétition entre les individus, les nations, les peuples, les Etats, les ensembles régionaux et les continents, comme source d'émulation, de créativité, d'invention, de rendement, de perfectionnement et de dépassement dans l'intérêt de l'humanité.

Je suis convaincu que la nouvelle intelligence qu'incarnait déjà Thomas Sankara, garantira à l'Afrique une capacité à tout faire par elle-même, pour elle-même, et avec ses propres moyens.

Je pars de l'idée selon laquelle la nouvelle intelligence devrait tenir pour vraie la possibilité de survenance de révolutions et de mutations sociales profondes en Afrique, sans qu'il soit besoin de convoquer des interférences externes pour parrainer, superviser ou titulariser les acteurs.

Le sens réel des discours de Dakar et d'Accra réside dans la vérité élémentaire selon laquelle l'Afrique, même ayant toutes sortes de sages, d'érudits et d'intelligences, n'a certainement pas réalisé le meilleur investissement, n'a sans doute pas organisé la meilleure défense et la meilleure sauvegarde de ses valeurs, n'a pas engagé les seules luttes qui comptent, a engagé les luttes qui comptent sans les moyens qu'il faut, a engagé les luttes qui comptent avec les moyens qu'il faut mais pas dans les voies qu'il faut, a engagé les luttes qui comptent avec les moyens qu'il faut dans les voies qu'il faut mais pas pour les objectifs qu'il faut.

Je tiens pour probant que la nouvelle intelligence, c'est finalement un nouveau déterminisme, celui qui permettra de comprendre qu'il est inutile d'aller chercher à Paris, Washington, Londres ou Genève, les causes et les remèdes de pathologies que notre conscience promène au plus profond de son expression quotidienne.

« *Des pays tels que le Kenya, dont le revenu par habitant était supérieur à celui de la Corée du sud lorsque je suis né, ont été fortement distancés* », révèle Barack Obama à Accra. N'est-ce pas ici le point de départ de la démarche de toute nouvelle intelligence ?

J'annonce que la nouvelle intelligence décrétera l'inutilité de toute littérature qui se contenterait de secréter l'accusation, l'excuse, la pitié et le besoin d'assistance. Ce n'est ni avec la littérature ni avec les sentences des tribunaux que le PIB de la Corée a dépassé celui du Kenya, c'est avec une autre intelligence, une intelligence d'un autre type, une intelligence nouvelle que l'Afrique est invitée à développer. C'est cette intelligence là que Nicolas Sarkozy et Barack Obama sont venus conseiller avec force, amitié, fraternité, passion et réalisme aux Africains.

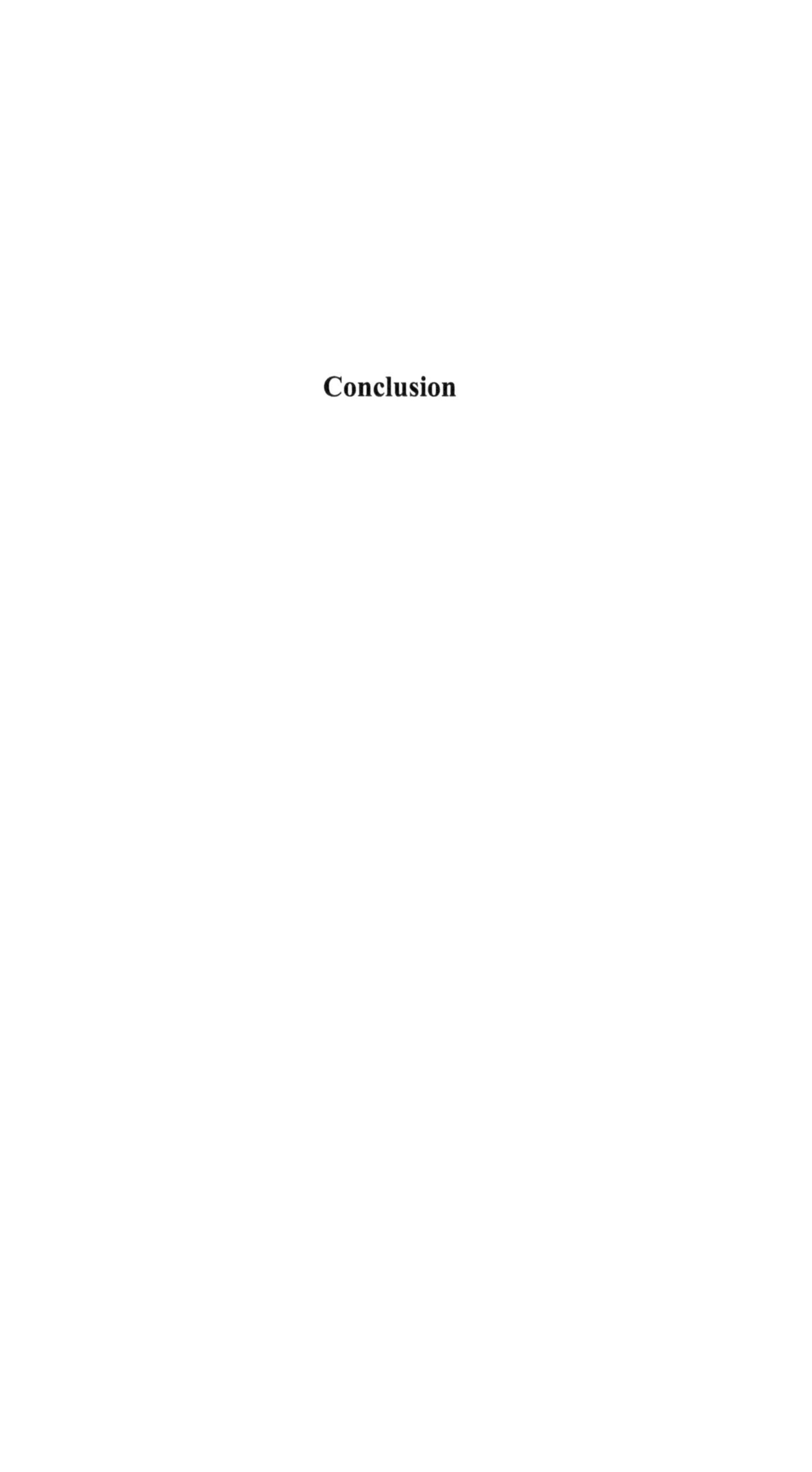

Conclusion

Pourrait-on imaginer un livre au titre assez bouleversant dans le genre de la plus inattendue des fictions : ***Et si l'Occident n'était pas responsable des problèmes de l'Afrique* ?** Le plus grand tort que plusieurs générations d'Africains ont fait et continuent à faire à eux-mêmes, c'est de s'enfermer dans le procès permanent du passé avec la fausse assurance que cette seule mécanique accusatoire suffit pour exister dans le monde. Aussi loin que l'on puisse remonter dans le temps, il n'existe pas d'exemple de peuple pris dans le critère de la couleur de sa peau ou dans le critère de sa situation géopolitique, qui ait utilisé les avatars de ses rencontres anciennes pour cultiver une infantilisation chronique et asseoir un obscurantisme d'ostentation.

Le moment que constituent le discours fondateur de Dakar et le discours révélateur d'Accra dans le nécessaire redimensionnement de la problématique du développement de l'Afrique face aux dures réalités de la mondialisation, est unique et mérite la plus grande attention.

Jamais les Africains ne se sont mis à la place des Occidentaux pour imaginer ce qu'il serait advenu du monde, si les rapports de forces avaient été inversés, si l'Europe avait été conquise et colonisée. Jamais les Africains n'ont imaginé à quoi aurait ressemblé la planète, si en lieu et place de tous les rois et reines de France, d'Espagne, de Grèce, du Portugal, de Hollande, de Grande Bretagne et de Suède, des empereurs basanés du continent noir avaient eu la maîtrise des mers, des airs, des machines et des usines, des premiers laboratoires et de toutes les grandes découvertes. Il faudrait entrer dans la fiction d'un monde complètement à l'envers, pour envisager l'apport éventuel des coutumes, des cultures et des civilisations dans l'avancement de l'humanité et l'enrichissement de l'universalisme.

Les Africains doivent accepter comme un fait inaltérable et incontournable, la complémentarité négative ou positive des peuples et des civilisations, et non chercher à traduire leurs échecs et leur inadaptation à un monde de vitesse, par des accusations infondées. L'Occident n'est pas plus responsable des agencements géopolitiques naturels de la planète qu'elle n'est responsable des malheurs du continent africain. Et si un peuple s'évertue à limiter la conscience de son passé historique douloureux à l'instrumentalisation des tribunaux sans fin, il se condamne définitivement à la marginalisation et s'interdit du coup toute renaissance.

Les Africains d'aujourd'hui doivent abandonner une fois pour toutes le discours sur la responsabilité de l'Occident pour mieux faire prendre conscience aux générations actuelles, des devoirs qui les interpellent avec urgence et gravité, et afin que les futures générations appréhendent de façon plus compétitive, honnête et loyale, les rapports avec le reste du monde.

TABLE DES MATIERES

Du même auteur
chez le même éditeur

Les tribulations d'un étudiant africain à Paris, tome 1, « graveurs de mémoire », 2009.

La France a-t-elle commis un génocide au Cameroun ? Les Bamiléké accusent, « points de vue », 2009.

Jeux et enjeux des États dans l'ordonnancement géostratégique planétaire, « points de vue », 2009.

Mémoires d'un diplomate africain, 2009.

Réflexions sur l'état du monde (2007), « Points de vue », 2009.

L'Afrique et la mondialisation, « Points de vue », 2009.

Pouvoir politique et autoritarisme en Afrique, « Points de vue », 2009.

La crise de l'intelligentsia africaine, « Points de vue », 2009.

Réflexions sur les crises de la société camerounaise, « Points de vue », 2009.

La politique africaine de la France en question, « Points de vue », 2009.

L'intelligentsia camerounaise : autopsie d'une décrépitude, 2008.

Afrique : l'inéluctable effondrement des dictatures, 2008

Avancez, ne nous attendez pas ! Le constat amer d'un intellectuel africain, « Points de vue », 2008.

Ces dinosaures politiques qui bouchent l'horizon de l'Afrique (2003), « Points de vue », 2008.

Coexistence contentieuse entre les nations (1985-1998), « Points de vue », 2008.

Le crépuscule sombre de la fin d'un siècle tourmenté (1999-2000), « Points de vue », 2008.

Droits de l'homme et droits des peuples dans les relations internationales, « Points de vue », 2008.

L'orée d'un nouveau siècle (2001), « Points de vue », 2008.

Pensée unique et diplomatie de guerre (2002), « Points de vue », 2008.

Réflexions sur l'universalisme (2005), « Points de vue », 2008.

Repenser la diplomatie (2004), « Points de vue », 2008

Un Africain au musée des Arts premiers, « Points de vue », 2008.

Nécessité d'un profond changement dans le Cameroun d'aujourd'hui, 2004.

L'HARMATTAN, ITALIA
Via Degli Artisti 15 ; 10124 Torino

L'HARMATTAN HONGRIE
Könyvesbolt ; Kossuth L. u. 14-16
1053 Budapest

L'HARMATTAN BURKINA FASO
Rue 15.167 Route du Pô Patte d'oie
12 BP 226
Ouagadougou 12
(00226) 76 59 79 86

ESPACE L'HARMATTAN KINSHASA
Faculté des Sciences Sociales,
Politiques et Administratives
BP243, KIN XI ; Université de Kinshasa

L'HARMATTAN GUINÉE
Almamya Rue KA 028
En face du restaurant le cèdre
OKB agency BP 3470 Conakry
(00224) 60 20 85 08
harmattanguinee@yahoo.fr

L'HARMATTAN CÔTE D'IVOIRE
M. Etien N'dah Ahmon
Résidence Karl / cité des arts
Abidjan-Cocody 03 BP 1588 Abidjan 03
(00225) 05 77 87 31

L'HARMATTAN MAURITANIE
Espace El Kettab du livre francophone
N° 472 avenue Palais des Congrès
BP 316 Nouakchott
(00222) 63 25 980

L'HARMATTAN CAMEROUN
BP 11486
(00237) 458 67 00
(00237) 976 61 66
harmattancam@yahoo.fr

Achevé d'imprimer par Corlet Numérique - 14110 Condé-sur-Noireau
N° d'Imprimeur : 64170 - Dépôt légal : octobre 2009 - *Imprimé en France*